ブラックホールの阿弥陀さま

どこにも見えないけれど、
どこにでもいらっしゃるんだよ

Imakoji Kakushin
今小路 覚真◉著

京都通信社

●巻頭のことば

宗教と医学

井村裕夫

生老病死《しょうろうびょうし》は、すべての人が悩まなければならない人生の苦悩であり、仏教の教える「四苦」であります。古来、人びとはこの苦悩に悩まされながらも、生き抜いてきました。そうして生きることがいかに困難であったか、そのことを今回の新型コロナウイルス感染症（COVID―19）を体験して身に染みて感じています。

現在の人間なら、新型コロナウイルスによる感染症は、マスクや感染者の隔離などの予防法もあり、いずれはワクチンや薬によって克服できることを知っています。しかし、古い時代にはコロナ感染症はなかったことは確実でありますが、天然痘、麻疹はじめ、多くの感染症に繰り返し襲われています。感染症は本体がわからない恐ろしい病気であり、神仏に祈るしか方法はなかったであります。

宗教が生まれた背景には生老病死、とくに病・死が大きく関わっていたと考えられます。とくに多くの人を死に追いやる感染症のパンデミックほど恐ろしいものはなかったに違いありません。

宗教は、そうした場合の唯一のよりどころとして生まれ、発展してきたと考えてよいでありましょう。世界のすべての民族が、なんらかの形の宗教をもっていることからも、それは考えられるところです。

日本人は一般に、古くからあった神道と、飛鳥時代にインドから中国、朝鮮半島を経て日本に入ってきた仏教を、おもな宗教と考えてきました。いまも新年には神社仏閣に初詣をし、彼岸にはお寺に参詣するのが、多くの日本人の慣習のようになっています。しかし、信仰のあり方を踏み込んで考え、これが正しいとして行動している人は少ないでありましょう。それは宗教そのものが、ひとつの生活習慣のようなものになっているためかもしれません。きわめて日本的な宗教のあり方といえましょう。

しかしある面では、とくに現代では、宗教の形骸化は世界的な潮流といってよいと思われます。というのも、日曜日に教会に行かない人は、欧米でも増えているといわれているからです。

仏教は、いうまでもなく古代インドで生まれました。比較的早くに文明が生まれたインドは、熱帯から温帯にわたる広い地域であり、多くの病気があったと考えられます。たとえば、種痘が開発されるまで多くの人を苦しめてきた天然痘、中世ヨーロッパを席巻したペスト、国際的な交易によって全世界に拡がったコレラなどは、すべてインドから始まったとする説が有力でありま す。インドで仏教が勃興し発展した背景には、このような感染症の蔓延に人びとが苦しんだという歴史があったように思われてなりません。

「四苦」のなかでも、病と死はとくに大きな苦であったでありましょう。歴史の教科書は、王朝の変遷、文明の興亡、産業の発展などを中心に書かれていますが、その底流では意外にも感染症が大きな役割を果たしていたのではないかと推察されます。


宗教の発展に比べて、医学は長く低迷していました。もちろん、流行病には関心がもたれ、流行病と気候との関係などは古代ギリシャの時代から観察されていました。人びとの経験から、薬剤も少しずつ使用されるようになっていました。しかし、流行病の本格的な研究が始まったのは一九世紀以降です。顕微鏡の発明によって細菌を観察できるようになってからのことであります。中世ヨーロッパを苦しめたペストの原因が悪い空気ではなく、ペスト菌であることが明らかになったのは一九世紀末のことであります。このころは細菌発見の時代であり、やがて細菌ろ過器を通過する病原体、ウイルスも発見されました。しかし明治以降の時代になっても、世界はしばしばペスト、コレラなど数多くの感染症に悩まされてきました。もちろん、明治以降の日本も決して例外ではなく、日本人の大陸進出とともに感染症によって多くの人命が失われています。

二〇世紀も中葉になると、ペニシリン、ストレプトマイシンなどの抗生物質が開発され、人類を長い間苦しめてきた多くの細菌感染症は減少しました。それとともに、生化学の進歩によって生物の体をかたちづくっている遺伝子、たんぱく質などの構造も、次つぎと明らかになりました。「近代医学はすべての病気の原因を、いずれ明らかにできる」という確信をもつようになりました。二一世紀初頭のヒトゲノム解読の達成は、医学の勝利を宣言するファンファーレであったといえましょう。

とはいえ、それは勝利への道筋が見えたということであって。決して達成したということではありません。たとえ感染症が完全に解決できたとしても、勝利はほぼ不可能であることが、いまや明らかであります。感染症以外の多くの病気の完全な解決も、簡単には望めません。人は必ず老い、死ぬ存在であるからであります。そこで人は迷い、苦しみ、もがきます。そこに新しい宗教の進むべき道があるように思われます。

とくに現代は、医学の進歩もあって「死が遠のいた時代」であります。根治の難しい進行性のがんであっても、さまざまな方法によってかなり長く生存できる時代です。一方で、アルツハイマー病、パーキンソン病、脳血管障害後遺症など、徐々に進行する病気が数多く存在します。病と死との距離が近かった古代とは異なり、現在は長く続く病が患者や周囲の人たちを苦しめるようになってきました。

一例を挙げてみましょう。筋萎縮性側索硬化症という難病があります。全身の運動神経が侵されて病気はしだいに進行し、ついには呼吸すら難しくなります。二人の医師が、この病気に苦しむ女性の依頼を受けて安楽死させたことが二〇二〇年に発覚して、大きな問題となりました。現在の法律では許されない、大きな問題でありました。

しかし世界に目を向けると、安楽死を容認する国は増えつつあります。高齢化が進むなかで、今後いっそう大きな問題となることと思われます。その場合の課題は、死に至る心のケアをどうするかということでありましょう。若い人ほど、とくに大きな問題であります。そこに、宗教のひとつの重要な課題があるものと思われます。

「生老病死」は、ヒトが永遠にかかわらねばならない「四苦」であります。しかし、その内容は時代によって大きく変わってまいりました。死が遠のいた現在、死へ向けた長い生をどう生きるか、それに苦しむ病者や家族をどう支えるか、それは医学のみではとうてい解決できない問題であり、宗教の役割が大きいと思われます。

宗教は、死者を弔い、嘆き悲しむ家族を慰める役割を担って発展してきました。復活を約束するキリスト教では死者を土葬とし、将来の復活への期待をつなぎました。仏教では火葬して遺灰を川に流し、輪廻転生を約束しました。仏壇に花や食事を供え、亡き人を、遠い祖先を偲んできたのであります。それはいまも宗教の重要な役割であります。しかし、現在ではそれ以上に、「死へと向かう人たちの生を支える活動」に重点が置かれているように思われます。末期がんの患者およびその家族へのスピリチュアルな緩和ケアは、その一例でありましょう。

今後いかに医学が進歩しても、生病老死は避けることのできない宇宙の大原則であります。そして医学と宗教は、その役割を変えながらも、協力しながら発展していくでありましょう。医学も宗教も、新しい時代を迎えつつあるといえるのです。

ブラックホールの阿弥陀さま

どこにも見えないけれど、どこにでもいらっしゃるんだよ

もくじ

はじめに

当たり前のこととしていた自らの行動を少し変えてみることで、思わぬ好結果を生むことがあります。「目からうろこ」の経験です。

物心ついてから最近までというもの、冬になればわたしは毛布にくるまって、その上に布団を掛けて寝ていました。子どものころから、母親がそのようにしてくれていましたから、そうした布団の敷き方に、なんの疑問も抱くことはありませんでした。

つい最近のことです。テレビの画面が、冬の布団の温まり方で効率がよいのは、まず体に羽毛布団を直接に掛けて、その上から毛布を掛けることだと報じていました。早速その晩、疑いながらも実際にやってみました。驚きました。布団の中が足元まで、これまで以上に温かいのです。

ものの順序を、これまでとは逆にしただけです。わざわざ別のものを用意したわけではありません。発想を転換しただけのことなのです。大袈裟なことは何もしていません。考え方を変えて、行動をほんの少し変えただけのことです。

「新しいもの」という言葉を呪文のように声高に叫んで、訳のわからないものを手探りで求めるよりも、今ある素材、過去からの蓄積を見直すことのほうが、明日への道が開けるのではないでしょうか。過去に固執することではない、現状に留まることでもない道です。

仏教、お経、お寺、お坊さんについても、これまでの見方を少し変えてみるだけで、展望の開けない現状の閉塞感や距離感などから脱け出す道があるのではないでしょうか。羽毛布団の上から毛布を掛けるだけの見直しです。

わたしは、どうした思いをもってお寺の本尊であったり、自宅のほとけさまであったりに手を合わせ、お参りするようになったのでしょうか。毎日の生活を平穏に過ごせるようにと願ってのことでしたでしょうか。今日一日、無事に過ごせたことに感謝してでしょうか。死後の安穏を願ってでしょうか。お釈迦さまと同じ悟りの境地を得ることを願ってのことでしたでしょうか。

ほとけさまにお参りすることに、そのような意味あいがあることは否定できません。でも、さらに別の、重い意味がそこに込められていることを教えられます。

ほとけさまにお参りすることは、「自分のいのちの繋がりを、ほとけさまを縁として教えてもらうこと」です。「自分が今ここに存在していることの不思議さ」を教えてもらっているのです。わたし一人のいのちがここにあるのは、先立たれたかぎりないいのちの繋がりがあったからです。そうした事実を、ほとけさまを前にすることで教えていただけるのです。

浄土真宗の門信徒のかつての結婚式の多くは、自宅の仏間を控えた部屋で行われていました。稼してきた者は男女を問わず、まずほとけさまに新たな家族の一員となるについての挨拶をするという意味があります。しかし、さらに大切なこととして、いのちの受け渡しを引き受けたことを報告するという意味がありました。

手を合わせている対象は確かに阿弥陀さまですが、阿弥陀さまとともに手を合わせている今のわたしにまで紡いでくれた数限りないいのちのご縁があってのわたしです。このご縁を受け取らせていただいていることへの、あらためての感謝の気持ちです。

結婚式を仏前で挙げ、その式を終えた当日の夜にわざわざ「初夜」という言葉を当てたのは、新たないのちを紡ぐ、生きるという、あらためての出発を意味する大切な思いを込めてのことです。

わたしにまで紡いでくれた、目に見える一人ひとりの「いのちの姿」が、阿弥陀さまです。阿弥陀さまに手を合わせるのは、願いごとや頼みごとのためではありません。わたしたちは、いのちという言葉を日常の暮らしの中で、疑いもなく互いに分かりきった言葉として使い、聞いています。しかし、小学生の子どもに、いのちを具体的な言葉として伝えることは、かなり困難です。

そのようなときの答えの一つとして、「手を合わせてごらん」と言ってみます。手を合わせることでわかるのは、自分の掌《てのひら》の温かさだけです。子どもたちの多くがそう答えます。「その温かさが、自分のいのちなのですよ」と教えてあげます。阿弥陀さまに手を合わせるとは、阿弥陀さまを縁として、自分の「いのちの縁」を教えていただくことなのです。

誕生した縁、今生きている縁、そしていずれは終えなければならない縁。自分の働きではどうにもならないのが、これらの縁です。そういう縁に触れさせていただく、教えていただくことになるのが、阿弥陀さまの前で手を合わせているときの自らの姿なのです。

本書に筆を染めることになったきっかけは、日常の暮らしの中での宗教が、仏教が遠い存在になったと、わたしの周りの人たちが感じていると気づいたことでした。宗教の必要性そのものに、疑義をもたれるような風潮を肌で感じたからです。

そうなった一因として、お経の難しさが挙げられます。お坊さんの読んでいるお経を聞いているかぎりでは、言葉そのものに日常の暮らしの馴染みはありません。見た目にも漢字ばかりですから、まるでとっつきにくい印象をもってしまいます。

しかし、読んでみれば日常の暮らしに馴染みのあることも書かれてあります。たとえば、お参りの折に必ず行う焼香です。法蔵菩薩が、ほとけになる前に立てた四八の願《がん》を記した『仏説無量寿経』「四十八願」のうちの「第三十二願」には、「その香あまねく十方《じっぽう》世界に薫《くん》じて、菩薩聞《か》がんもの、みな仏行《ぶつぎょう》を修《しゅ》せん」とあります。焼香を仏前で行うのは、体を清めるとか体の都合の悪いところを癒すなどの目的ではなく、仏行を修するためなのです。

ちなみに、「聞」の文字は匂いを嗅ぐの「か」と読ませていますが、これは今も香道などでは「香りを聞《き》く」、「聞香《もんこう》」という表現に用いられています。お経に書かれてあることは、訳のわからない、遠いことばかりではないのです。

本書を上梓しようとする理由のもう一つとして、わたしという僧侶は政治も含めて今の時代の世の中をどのように眺めているのか、ほとけさまの教えはわたしの中でどのように生きているのかをあらためて確認する意図があります。わたし自身のこのような生きる姿が、ひいては今に生きている仏教の教えの価値を問うことになるのではないかと考えたのです。

さらには、現代科学と仏教とに接点はあるのだろうか。とくに医学の発展に伴って、「生・老・病・死」とどのように関わってゆけばよいのか。仏教が日本人の暮らしの中から少しずつ離れてゆく現実をどのように捉えればよいのか等々です。そういう答えをわたしの言葉で掘り起こし、次の疑問を喚起する一助になればという願いを込めることにしたのです。

また、あらゆることにエビデンスを求める現代においては、現代の科学と阿弥陀さまの存在との接点をどこに、どう求めればよいのか。あるいは、その存在そのものに疑問をもたれる阿弥陀さまを、「現存するほとけさま」として人びとに認識・受け入れてもらうには、どのような切り口がありうるのか、その模索の一端を綴ってみることにしたのです。

日常の暮らしと仏教

「GANESH」
ネパールの暦からの借用。以下同様。

既成仏教が衰退を始めた具体例として、お葬式のあり方が多方面で話題にされるようになってからも、ずいぶんな時間がたっています。一九四五年の敗戦による個人の暮らしの価値観の大転換と社会構造の変化が、その端緒でした。そうはいっても、暮らしの中の宗教、とくに既成仏教の衰退は、しばらくはそれほど顕著ではありませんでした。

衰退が顕著になったのは、敗戦一〇年後の一九五五年ころに始まった高度経済成長期を迎えてからです。所得倍増、モータリゼーションの鼓舞、家電製品の普及、団地の出現と持ち家の普及による若者家庭と老人家庭との分離という家族形態の変化、あわせて居住空間から床の間、仏間、和室等が消えるという家屋構造の変化と軌を一にしています。こうした生活変化にあわせるように、既成仏教はその存在のあり方に疑問が投げかけられました。存在意義も、薄まってゆきました。

経済の充実を求めることのみが、生きることの評価基準、価値判断の第一になりました。法事をはじめとする仏事を家庭で営むことに勤めるべきとわかっていながらも、等閑《なおざり》にされるようになりました。法事を後回しにしたからといって、法事の主体である故人から叱責を受けることはありません。たとえ親族の誰かから注意を受けたとしても、忙しいことや経済的な負担を理由にすれば、多くの人は無理に法事の執行を勧めることはまずありません。渋々であっても理解を示してくれます。お坊さんからも苦情は届きません。

現代の家族関係のあり方からすれば、法事の施主はその家の長男や長女でなくとも、意識ある人が勤めれば周囲の納得は得られます。ところが、こうした場面では往々にして、突如として先祖返りをしたかのように長男や長女が大きな位置・役割を占め、他の親族は影をひそめます。こうして家庭内での仏事が疎《おろそ》かにされると、自ずと仏事の次世代への継承が途絶えてしまいます。

社会情勢の変遷に既成仏教の意識が追随できず、翻弄されるに任せたことも衰退の一因であることは事実です。しかし、より大きな原因がほかにあります。一義的な幸せ追求という物欲の充足だけを旗印に戦後勃興した新宗教のはたらきに、確たる対抗軸を打ち出せなかったことが挙げられます。既成仏教側が、鷹揚な構えを続けたからです。「それは仏教ではない、宗教ではない、まがい物である」と、はっきり言うべきだったのです。

お経に書かれてあることが人の生き方にどのような働きを示しているのか、これをはっきり示すことができればよかったのです。具体的には、なぜ葬式を勤めるのか、勤めなければならないのか、葬式になぜ宗教が関わっているのかなどの問いかけに、具体的な回答を示すことができればよかったのです。

求められているのは、そうした目の前にあることに対する答えであって、お経の解釈だとか教義がどうだとかではないのです。

では、敗戦以前の人たちは、お経とか教義などがわからないままに仏事を勤めていたのでしょうか。いや、敗戦以前には、意識していなくても暮らしの中に仏教が浸み込んでいたのです。仏事を勤めることが暮らしのリズムであり、けじめにもなっていたのです。善くも悪くも、徳川時代からの蓄積が、暮らしの中に根強く残っていたのです。

明治になって、国のかたちは天皇を頂点に置いた家父長制のもとに確立されました。それぞれの家の継承も、父権を頂点とする男系尊重という仕組みのもとで機能するようになりました。それぞれの家庭の宗教は、その意味やあり方をあらためて問われることもなく、家父長の意向のままにあらゆる祭祀が継承されてきたという事実があります。

やがて敗戦という歴史的転換期を迎え、社会の仕組みは急激にさまざまな変化を遂げようとしました。しかし、家庭と家族の仕組みの革新が遅々として進まないことにあわせて、個々の家庭に入り込んでいた宗教の世界もその例にもれず、敗戦以前の仕組みに安住し続けたのです。それでも、さほど不自由を実感しなかっただけに、周りの変化に危機感を抱くこともないまま宗教・信仰の世界は足踏みを続け、現在に至っています。

現状の宗教離れ、既成仏教離れをわたしたちはいつまでも傍観しておいてよいものか、それとも、この現状を足掛かりにどのような次の段階に進むべきか、その具体的な方法はどうあるべきかが切実に問われています。なかでも、宗教界自体も戸惑いを隠せないのが、止まることなく変化を続ける現代科学、とくに医学との接点をどこに置くのかの問題です。

現在の仏教界は、医学の進展の前に為す術をもちません。臓器移植や安楽死、延命措置など、いのちのあり方に直接関わる事例にどう対応すべきかは、お釈迦さまが生きておられた時代には想像すらできなかった課題でした。だからといって、仏教者がこうした医学の変遷にいつまでも傍観者で居続けてよいわけはありません。抽象的な言いわけをするのではなく、眼前の具体的な課題への対応が差し迫っているのです。

自動車の運転免許証の裏面にも、後期高齢者医療被保険者証の裏面にも、「臓器提供に関する意思表示」の確認欄がそれぞれにあって、「提供します」、「提供しません」のどちらかに印をつけるようになっています。印のない人は、提供者とみなされます。

わたしは「提供しません」に印をつけています。わたしが後期高齢者で、臓器の提供にかなりの制限を受けることも理由ですが、提供の意思があっても臓器提供を待っているすべての人に条件が適うとは限らないからです。これが理由の一つですが、「提供を受けません」という選択肢がないことにも強い抵抗を感じるのです。

一個しかない臓器の場合、わたしが生き延びるには、どなたかのいのちが終えるのを待つという生き方、そのいのちと引き換えに臓器の提供を受けることに耐えられないからです。どなたかが脳死判定を受けて生死の境に身を置いているとき、恣意的に齎《もたら》されるその人の死を待っているわたしの姿を想像します。わたしが生きたいと願う思いと同じに、どこかで脳死判定を受けた人も生きたいと願っているのです。我慢するということではありません。わたしは、「我が身の病をあるがままに受け入れる」ということです。脳死判定を受けた人は、自らのいのちのあり方をそのまま受け入れたのですから。

『仏説観無量寿経』に、

かの国《くに》に生《しょう》ぜんと欲《おも》はんものは、まさに三福《さんぷく》を修《しゅ》すべし。一つには父母《ぶも》に孝養《きょうよう》し、師長《しちょう》に奉《ぶ》仕《じ》し、慈心《じしん》にして殺《ころ》さず

と、説かれてあります。極楽に生まれようと願う者は、「慈心にして殺さず」なのです。役に立つからといって自身を犠牲にしてもよいということでもないのです。まして、自分が助かるためだけに誰かの死を待ち望むことでもないのです。

こうした思いから、親のエゴと見られるでしょうが、息子が大学生のときに告げました。「きみの臓器を求める人に提供することがあっても、提供を受けることはしないから」と。

阪本順治監督の映画『闇の子供たち』、副題「値札のついた命」（原作・梁 石日、通名・梁川正雄）は、臓器移植について正面から取り組んでいました。見終わったわたしの気持ちが重くなる映画でした。最近の劇場映画では珍しく、立ち見が出るほどの盛況でした。

延命治療と同じく、いのちに直接関わる医療行為は、仏教者は相談の窓口になる縁を深めることのできる場面となります。仏教が家の宗教であるがゆえに、お坊さんは門信徒の個人との繋がりではなく、それぞれの家族と繋がりをもっていることが強みとなるのです。

科学は、キリスト教とはさまざまな場面で対峙しながら、宗教的進展を見てきました。ですから、いのちに関わる医学上の多くの事例に、具体的な対応を示しています。イエス・ノーがはっきりしています。はっきりしているがゆえに、人工中絶の可否を巡る対応などのように、激しい議論のやり取りがあります。では、仏教にキリスト教のような現代科学との接点はないのでしょうか。議論の切り口を変えて、いのちを天文学や数学の視点から見つめると、仏教と現代科学との接点を見ることができます。

漢文学の素養が多くの人の日常生活から消えてしまったのが、現代です。漢字で書かれた経文を素読するだけの読経からは、仏教についての理解を得ることは至難の業です。パソコンを買い求めるときの説明書の言葉と同じです。素養のない者には、そこに並ぶ言葉の大半は、何度問い返したとしても理解不能です。文字どおりチンプンカンプンでしかありません。

暮らしのあらゆる面で情報が氾濫しているなかで、そういう情報との関わりを求める欲求が、仏教にほとんど見られなくなっています。しかも、仏教の情報だけでは、現代の情報社会に対処できなくなっています。かつてのお坊さんは、日々の暮らしの生き字引として存在していました。多くの生活情報の基点で、仏教はその背景となっていたのです。

だからといって、現代のお坊さんは生活者にとってなんの役にも立たない存在になっているのかというと、そうではありません。逆に、情報過多で混迷の時代と言われる今だからこそ、かつての仏教とお坊さんがそうであったような真価を発揮することが求められているのです。

わたしが僧侶の衣姿で交差点で信号待ちしていたとき、トラックの運転手がわたしに向かって合掌してくれました。修学旅行の中学生の一団がすれ違いざまに、「こんにちは」と声を掛けてくれました。見知らぬご婦人からは、立ち止まって深々と頭を下げる挨拶を受けました。私服姿ではありえない経験です。わたし個人に対しての行為ではなく、わたしの衣や袈裟に対しての礼儀であり、親近感からなのですが、現代に残されている仏教の真価の一面ではないでしょうか。

仏教の教えは、時代を問わず人の暮らしになくてはならない存在であるはずです。とはいえ、病気が治る、お金に不自由しない、家庭が円満であるなどを求めるこころに付け入る教えは、仏教とは縁のない世界です。そういう面妖な貢献ではなく、一人ひとりの存在理由としての人の生き方とその苦悩からの解放、真実に出会えたことの喜びを実感する人としてのあるべき姿などについて、具現化した答えをどのように齎してくれるかが、今仏教に問われているのです。

いつ、どこで、どう仏縁に触れるか

わたしは、浄土真宗の教えを信じ、わたしと縁ある人にその教えを伝えることを務めとしている僧侶です。そのわたしが仏教に、というよりも浄土真宗にですが、それとなく意識をもたらされたのは戦後まもない一九四九年、わたしが六歳の小学校一年生のときでした。街角には兵隊帽を被った白衣姿の傷痍《しょうい》軍人や防空壕の跡など、敗戦の痕跡がここかしこに残っていたころです。

両親と妹とわたしの四人家族でしたが、暮らしていた京都での食料事情を勘案して、食べ盛りのわたしだけが母親の実家に預けられることになりました。預けられた母親の実家は富山県の西端、石川県との県境に近い田園地帯にある散居村《さんきょそん》の浄土真宗の寺院でした。

当時のわたしは、そうして置かれた状況が寺院生活であることすら、知る由もありませんでした。しかし、早朝に庭の片隅にある大きな釣り鐘が鳴らされたり、外から帰った祖父はいつも同じように蓮の花や実の形をした落雁の菓子などが入った風呂敷包みを拡げたり、出入りする大人たちがわたしを「おちごさん」と呼んだり、なにか周りとは違うことは感じていました。

毎朝、祖母がご飯を盛った小さな金色の器を持って薄暗い部屋に行き、小さなロウソクに火を灯し、しばらくなにごとかをブツブツ呟く所作に一緒するなどしていました。それが、ほとけさまへのお参りごとだと知ったのは、ずっとあとのことです。

三年生が終わって京都の両親の許に戻りましたが、富山での祖父母の許での生活には、わたしが衣を着たり、お経を唱えたりするなどの寺院生活としての縛りなどはありませんでした。それでも思い起こせば、祖母に連れられた薄暗い部屋で時には一緒に坐ったり、驚くほど大勢の人が集まっているお御堂と呼ばれる広くて天井の高い部屋で、見よう見まねで手を合わせたりすることが、寺院生活の一端だったのです。

一年に二度ほどは、その大きな本堂と門までの二〇メートルほどの境内通路に、おもちゃやお菓子などを売る屋台が何軒か並びました。本堂の広い縁では自転車の軽業のような催しが夜遅くまであり、煌々と夜空を染める電灯と大勢の人でごった返していました。本堂では仏縁を繋ぐ『永代経《えいたいきょう》』が、宗祖親鸞への報恩謝徳の「報恩講」が営まれるなど、日常にはない法要が勤まっていたのです。

わたしにとっては、法要よりも、屋台や軽業や大勢の人に翻弄されたことが思い出の大半ですが、こうしたことの積み重ねが、知らず知らずのうちの、わたしのほとけさまとの出会いでした。自分で仏教書を紐解いたり、寺院を巡ってお説教を聞いたりすることで、ほとけさまとの縁に触れたのではなかったのです。

日本の宗教は「家の宗教」で「個人の宗教」ではない、宗教は本来個人のものであるべきである、家を単位とする伝承を基とする宗教のあり方は旧弊でありそこからの脱却を図るべきである、などの意見があります。確かに、さまざまに道を求め、ある程度の経験を重ねると、個人としての宗教に辿り着くことができるでしょう。信仰は内面の問題としてみるかぎり、あくまで個人の問題です。しかし、信仰の継承という観点からは、個人を離れた働きが大きく作用しています。

ヨーロッパやアメリカのドラマ・映画の家族の食事の場面では、年長者とおぼしき人が発声者になって、全員がお祈りをしてから食事が始まります。日曜の朝、家族そろって教会に向かう場面も登場します。でも、これは、「個人の宗教」の場面ではありません。

所用でドイツのケルンに滞在したときのことです。街に散歩に出ましたが、昼近くになっているのに店は閉まったままで、歩いている人影もまばらでした。しかたなく宿に帰って、街のようすの理由を尋ねました。答えは、「今日は日曜日だから、みんな教会に行っているんです」の一言でした。

わたしの家庭で、イタリアの女子高校生を一年間預かったときのことです。彼女が我が家に入って最初に発した言葉は、「教会はどこにありますか」でした。思わずわたしは、「なぜ」という言葉を発していました。彼女は当然のことのように、「日本でも必ず毎週礼拝に行くようにと、父から言われてきました」との返事を返してきました。彼女は父親の言いつけどおり、我が家に滞在中の日曜日には、教えた教会に欠かさず通っていました。それほど熱心に教会に通う彼女は、日本の仏教寺院の謂れなどには興味を示しましたが、教義や日本人の信仰のようすなどには、さほどの関心は示しませんでした。

長じて母親となった彼女が現在はどのような信仰生活を家族と送っているかは、窺い知ることはできません。それでも、外国の映画やドイツでの日曜日のようす、イタリアの女子高校生から知ったのは、信仰の受け渡しのきっかけは家族を核とする「家」にあるということでした。家を基本として伝承される宗教を否定しては、個人の宗教もありえないということです。思い起こせば、わたしも祖母に誘われて、自覚なしにほとけさまとの出会いをもつことになったのです。

「家の宗教」が毛嫌いされるのは、一つには古いから、いま一つはその古い象徴である家父長制を引き摺っているとみなされているからです。では、あらゆる意味で先進国とされている欧米諸国では、現代でも何故に家族、すなわち「家」単位で食前に礼拝し、日曜日に教会に向かうことが暮らしの中で厳重に守られ続けているのでしょうか。文化の違いだからでしょうか。

日本においても、かつては箸が仏壇の中に置いてあって、お参りをしなければ食事の場に行けなかったとか、おじいちゃんやおばあちゃんに連れられてわけもわからないままお寺参りをしたことがあったなどと伝わっています。正月三が日は、家族が揃ってお寺や神社に初参りなどに出かけるために、百貨店をはじめとする多くの商店はお休みでした。

浄土真宗の信仰が篤い地域では、年末が近づくと各家庭では厳重に「報恩講」が勤まります。親鸞聖人の命日（一月一六日）に近づくように念仏の喜びを確認し、ご恩に報いる法要です。

かつては、嫁いだ娘をはじめ、親戚の多くも集まる賑やかな家庭内の仏事でした。そのときに出るご馳走が、そして大人にはお酒がなによりの楽しみでした。ただその陰に、女性の苦労があったことは忘れてはなりません。

近年は、こうした賑わいはお寺でも家庭でもずいぶん少なくなりました。それでも、お勤まりそのものは失われることもなく、しっかりと伝わっています。子どもにとっては、意味はわからなくても、自然に手を合わせるかけがえのない機会になっていたのです。しかし、日本におけるこうした信仰の継承が「家」とともにあったことで、「古いこと」として敬遠されがちです。

古いとは、新しいとは

では、「古い」、「新しい」の基準はどこに置くことができるのでしょう。「古い」とは、振り返った瞬間の先のことをいうのでしょうか、一週間前でしょうか、一年前でしょうか、五〇年前のことですか。「新しい」も同じことです。古いとか、新しいとかの確たる基準はありえないのです。

最近は、「スピリチュアル」なる言葉が一部でもてはやされています。心霊現象というのか、幽霊をテーマにしたテレビドラマとか、パワースポットを巡る番組などが耳目を集めています。スピリチュアルという英語は、キリスト教の用語として霊や霊魂に関わる事柄に使用されるように、宗教的・精神的なものごとや神、聖霊、天使、霊、魂などが背景になっていることを意味します。

ところが、日本ではおどろおどろした、抵抗できないような恐怖の存在を表現・認識する言葉となっています。科学的とか合理的などの言葉には新しい生活の指針のようにして重きを置く一方で、どこから見ても非科学的な、非合理的でおどろおどろした「古い」事象に心を寄せることに、多くの日本人は矛盾を感じていないのです。

ものごとの進捗について、「古いことはだめだ、新しい方法の斬新な切り口でなければだめだ」などと言われますが、実際に何が新しくて何が古いのかは、誰も分かってはいないのです。ほんとうに新しいものって、世の中にあるのでしょうか。

大学で論文を書くときに、指導教官が言いました。「新しい説というのは、これまでの論文の上に、次の紙を一枚乗せるだけのことだよ」と。ものごとに変化はありますが、無から何かが生じるという意味の「新しい」ことは、簡単に生まれるものではありません。今使われている「新しい」という言葉は、無から何物かを生じるのではなくて、有るものをいかにしてこれまでと違うやり方で使うかという意味にすぎないのです。

親鸞聖人は、「雑行《ぞうぎょう》を棄《す》てて本願《ほんがん》に帰《き》す」と信仰開眼されています。「自分の力で仏になる道を求めたが、それは虚しいこととわかったので、阿弥陀さまの仰せのままに任せます」とおっしゃったのです。その証明を表わされた主著『顕浄土真実教行証文類《もんるい》』（以下『教行信証』と略す）は、全体は、〈総序〉、〈教文類〉、〈行文類〉、〈信文類〉、〈証文類〉、〈真仏土文類〉、〈化身土文類〉からなり、「文類」と表わされているとおり、書物からの引用が中心で、聖人自らの言葉はわずかしかありません。まったく何も無いところから、忽然と新しいものとして浄土真宗が生み出されたのではないのです。他の浄土宗であろうと、日蓮宗であろうと、曹洞宗であろうと、みな同じことです。それぞれに基となる事柄があって、そこから派生して世に出てきたのです。

仏教では、世のすべての事象は、「無常」という言葉で表わします。「一つ所に止まるものは一切ありません」という意味です。常に変化を続けているのです。

相対性理論を提唱し、宇宙の多くの現象を質量とエネルギーの等価性とその定量関係を表わす関係式、E（エネルギー）＝m（質量）c（光速度）二乗の式で表現できるとしたアインシュタインにしても、「宇宙は永遠に変化しない、恒常宇宙である」と決めたものの、のちに「宇宙は膨張し続けている」ことが証明されると、恒常宇宙説は「人生最大の失敗であった」と自ら語ったという逸話があります。

洋の東西を問わず、家族（家）なくして宗教、信仰の緒《いとぐち》は見出せないのです。その出発点があって初めて、個人の宗教が芽生えてくるのです。個人が個人として忽然と信仰の世界に入ることは、皆無とは言いませんが、はなはだ稀なことです。

それでは、浄土真宗の墓の中心にはなぜ「南無阿弥陀仏」とだけ刻まれ、他宗のように「○○家」とは刻まれていないのでしょうか。家として信仰が継続されてきたのなら、墓石には「○○家」と刻まれるのが妥当なはずです。しかし、浄土真宗の墓には「南無阿弥陀仏」としか刻まれていません。墓基そのものは家の継承を示していますが、そこに納まる個人は個人として念仏者であることを顕著に現しているのです。

拡がること

親鸞聖人は『歎異抄《たんにしょう》』で、「まづ有縁《うえん》を度《ど》すべきなり」と言われています。度すというのは、道理を言い聞かせて理解させる、納得させる、ほとけが悟りの境地に導く、迷っている者を救うというような意味ですから、「身近な人からまず縁を結びましょう」ということです。

まったく縁のない人に教えを伝えることは、並大抵なことではありません。砂鉄の中にどれほど強力な磁石を入れても、その磁石に吸い寄せられる砂鉄には限りがあります。無限に吸い寄せることはできません。磁石のすぐ傍には、まるで塊になったかのように砂鉄が集まっています。しかし、離れるにしたがって吸い寄せられる砂鉄の量は少なくなります。そして、磁力が及ばない場所が、周りに残っています。このとき、磁石が一個しかなければ、砂鉄の繋がりには限りがありますが、磁石が二個、三個と置かれていれば、砂鉄のあるかぎり繋がりは広まります。

お念仏も、なんらかの縁があって喜びを戴いた人が次にその人の身近な人にその喜びを伝え、そうして伝えられた人がさらに次の人に伝える、こうしてその喜びの輪は拡がります。とはいえ、打ち上げ花火の大輪のように一瞬にして拡がることは、信仰の世界では難しいのです。家族という「家」によってまず縁をもち、然《しか》るのちに個人の信仰、宗教へと発展・確立してゆくのです。

ほとけさまの存在

「BUDDHA」

仏教を語るうえで避けて通れないのが、ほとけさまの存在です。

家庭の仏壇の真ん中に、お寺の本堂の真ん中にいらっしゃる方です。浄土真宗で言えば阿弥陀如来の立像、あるいは絵像。もしくは、その呼び名である南無阿弥陀仏の六字のお名号《みょうごう》です。

目が覚めて天井を見上げます。その一点を見つめているわたしの目線は、東西南北のどこを見ているのでしょう。

『仏説観無量寿経』に、阿弥陀さまと観音菩薩、勢至《せいし》菩薩の位置関係が示されています。右に観音、左に勢至です。でも、このお経には阿弥陀さまがどちらを向いておられるのかは示されてありません。お経を読んだわたしが勝手に、わたしに向かって正面を向いておられるだろうと決めているだけです。ひょっとすると横を向いておられるかもしれないし、後ろを向いておられるかもしれないのです。

京都の永観堂（禅林寺）の「みかえり阿弥陀如来立像」は、お体は前向きですが、お顔は左側にそっぽを向いておられます。お顔の向きを中心として見ると、観音菩薩、勢至菩薩の位置はわたしの立ち位置から見ると、左右という位置関係は意味をなさなくなってしまいます。しかし本堂や仏壇のお花やほとけさまをお飾りしている諸道具もすべて、ほとけさまのお慈悲の働きを頂戴しているわたしに向かって正対する、互いに正面で向きあうように飾られてあります。阿弥陀さまに対しての位置関係の表現は、わたしの側から、すなわちお参りする側から、あるいはお給仕する側から見ての右左でしかないのです。

本堂やお仏壇の中のようすをお給仕する者が表わすときに、ほとけさまの側から見ての右、あるいは左という表現はありえないことです。あったとすれば、わたしがほとけさまの立場に立っていることになるからです。本堂やお仏壇、本尊を含めた諸々のお飾りなどの位置関係の説明には不都合なことになります。

ほとけさまの位置についていえば、『仏説阿弥陀経』に東西南北上下の位置関係が示されています。それぞれの中心に阿弥陀さまがいらっしゃり、その周りにガンジス河の砂粒よりも多くのほとけたちがおられると表現されています。

ゼロの位置

天体の遠方にある星などの特定の位置を示すときは、「○○座の方向」と星座を基点にして示します。地球の表面に立つわたしが、東西南北上下を身体感覚として認識することは、それほど困難なことではありません。目標として定める何かが周りにあるからです。

しかし、わたしが中空の一点を見つめ、その一点の方角を見極めることはいささか困難です。

満月を眺めている地球上のわたしは、その満月が東の山から上って中空に差し掛かっていることは、わたしと見ている山との位置関係を前もって知っているから理解できます。しかし、そうした前提がなければ、わたしから見た中空の満月がどの方角にあるかは、わかりようがありません。満月はただ浮かんでいるだけです。そのとき、東西南北上下は意味がありません。

地球は球体です。一つの方向をどこまでも目指し続けると、必ず出発点に戻ってきます。方向の意味は不明確になってしまいます。そうした戸惑いをなくすために、緯度、経度などの目印が地図上にはつけられてあります。

そうした目印があるにも拘らず、日常生活の報道では、位置を示す言葉に疑問を感ずる事例があります。日本の位置を示すのに「極東」と表現されますが、どこを基準にしてのことなのでしょう。同じように、シンガポールやタイなどを「東南アジア」と表現しますが、日本からは西南アジアであるはずです。こうして表現される名称、方角を示す基準は、日本での地理的認識の報道であるにも拘らず曖昧なままです。

数字のゼロの位置関係も、同じことが言えます。ゼロは「無」です。何もないことです。『広辞苑』には「皆無」と記されてあります。ですが、物差しを見ても体重計を見ても、その出発点はゼロと表示されてあります。何もないはずなのに、きちんと明示されています。ゼロは、実体は存在しませんが、物事の出発点の基準として明示されているのです。数学では、X軸とY軸との交点はゼロで表示されます。起点となって示されているのです。ゼロは存在しないのに、存在しているのです。

京都駅の一画にある百貨店の地下で、中華料理の食材を求めました。ちまきを尋ねました。店員が答えてくれました。

「三種類のうち、こちらとこちらは有りますが、こちらはゼロです」。

咄嗟にわたしは問い直しました。

「ゼロって?」。

店員は平然と答えました。

「こちらは今から蒸しますので、一五分ほどお時間をいただきます」。

この店員の言うところのゼロは、ちまきという品物は存在しているが、完成品としての、商品としてのちまきは目の前には無いということなのです。

子どもが誕生します。元気な産声を上げているのに「ゼロ歳」といいます。そこにいるのに。

ほとけさまの存在の可否を論ずるのは、不毛な議論です。ほとけさまは存在しておられるのです。皆無であって存在しないはずのゼロが、現実に存在しているように。

いずこにおられるのですかと問われれば、中空の満月と同じく東西南北上下・右左の区分として指し示すことなく、あらゆるところにおられるのです。ゼロの起点は無作為に、無限に置くことができます。任意に決められた起点から一、二、三……と実体が始まるのです。ほとけさまは、わたしの周りのいたるところにいらっしゃるのです。

ブラックホール

世の中には、存在は確認されているものの、その実体に触れることのできないものは、ほとけさまの他にもあります。先年、その輪郭だけがオレンジ色に輝く円体として写真に撮られた五五〇〇万光年の彼方にある「おとめ座銀河団」のＭ８７銀河の中心に、太陽の六五億倍もの質量があるブラックホールが存在することが確認されました。これがその代表に挙げられます。その輝く輪郭の内側がブラックホールの実体なのですが、写真に写っていた内部は文字どおり黒い空間だけでした。

一秒間に三〇万キロメートル移動することのできるスピードと、一〇〇億年を超す年月のあいだ輝き続けて地球に到達するほどのエネルギーをそなえる光さえもが、これに引き込まれると抜け出すことのできない特異点といわれる重力の存在がブラックホールです。

これほど強力な重力が働くのなら、周りで銀河をかたちづくっている多くの星も引き寄せられて吸い込まれてしまったとしても不思議ではありません。しかし、実際は吸い込まれることはありません。

写真に撮られたオレンジ色に輝く円がブラックホールの「事象の地平線」と呼ばれ、影響の及ぶ限界なのです。その「事象の地平線」を一歩越えて捕らえられたら、そこから抜け出すことはありません。阿弥陀さまの働きである「摂取不捨」の世界そのものです。

「背を向けている者さえも、お慈悲の手で掴み取ったら離さない、ほとけにせずにはおかない」という阿弥陀さまの働きとブラックホールの働きとは同じです。ただし、決定的な違いがあります。阿弥陀さまの働きでほとけにさせていただいたわたしは、すぐにこの世に戻ってきてほとけとしての働きをするという点です。親鸞聖人の『教行信証』〈教文類〉は、「つつしんで浄土真宗を案ずるに、二種の回向《えこう》あり。一つには往相《おうそう》、二つには還相《げんそう》なり」という言葉で始まっています。ブラックホールの働きは、吸い込まれたらそれっきりです。

「ブラックホールって、どんな形をしているのですか」と物理学の先生に尋ねました。平面体とか、立方体とか、円錐形とか、風呂の水を抜いたときの渦のようだとか、なんらかの形が示されるものと期待しました。しかし、返ってきた答えは、「形を考えること自体が無駄です」。

ほとけさまの実際の姿を求めることも、同じく意味のないことなのです。歴史的に、今日的に示されている絵像であったり、木像であったりの姿を、ただ信じるだけなのです。

浄土真宗の絵像の本尊裏には必ず、「方便法身尊形《ほうべんほっしんそうぎょう》」と記されてあります。目にしている阿弥陀さまのお姿は、「偶々《たまたま》ここに居られるか、お姿を仮に表現するとすれば」という意味での「方便」です。そのお姿も、経典に書かれた文字から想像して描かれているのです。ほんとうのお姿は、誰も目にしたことがありません。表わされたお姿の正否は、誰も問うことはできないのです。
親鸞聖人は、『一念多念文意《いちねんたねんもんい》』でおっしゃいます。

方便と申すは、かたちをあらはし、御《み》なをしめして、衆生《しゅじょう》にしらしめたまふを申《もう》すなり。すなはち阿弥陀仏《あみだぶつ》なり。この如来《にょらい》は光明《こうみょう》なり、光明は智慧《ちえ》なり、智慧はひかりのかたちなり。智慧またかたちなければ不可思議光仏《ふかしぎこうぶつ》と申すなり。この如来、十方微塵《じっぽうみじん》世界にみちみちたまへるがゆゑに、無辺光仏《むへんこうぶつ》と申す。

ほとけさまの存在は、ブラックホールと同じです。姿が見えないからといってブラックホールの存在を否定できないのと同じ、ほとけさまも実体が目に見えないからといって、存在そのものを否定はできないのです。それでも、ブラックホールという見ることのできない存在が確実視されているのは、周辺から放射されている可視光線、電波、エックス線などを観測することでわかってきたからです。そのような放射物の動きは巨大な電波望遠鏡で撮影することにも成功しました。ブラックホールが可視化できたといえるかもしれません。同じように、ほとけさまの働きも、目に見ることができます。縁ある人をお参りしている姿で、そのことを教えられます。
炎熱と濁流の狭間の一本の白い道にさしかかり、背後から得体の知れない恐怖に追われたとき、そこに佇《たたず》むわたしは、その一本道の方角を斟酌《しんしゃく》するでしょうか。「ここを渡るしか助かる道はありませんよ」、「向こう岸ではあなたを間違いなく受け入れてもらえる世界が待ち受けているのですよ」と背中を押されれば、言われたままに進むしかありません。押してくれた力に、待ち受けている存在に、むげに逆らうことはいらないのです。すべてを任せているわたしが、そこにいるだけでよいのです。

願ったり頼んだりしたわけでもないのに、「佇むわたしの背中を押してくださり、向こう岸では待ち受けていただく」、ほとけさまとはそうした存在です。わたしはただ言われるがまま、なされるがままにしておればよいのです。そこに、わたしの計らいの入る余地はありません。

わたしの計らいではなく、こうして背中を押し、待ち受けていただける働きが、絶対他力の本《ほん》願力《がんりき》なのです。

なにも無いところに、何かがあることを信じて暮らしてみる。こころがざわつきませんか。

煩悩

暮らしの中での宗教離れが宗教界全体の危機と認識されるようになってから、久しい時間がたっています。そうした現代にあっても、一二月三一日の大晦日になると多くの老若男女はお寺を訪れ、敬虔な面持ちで除夜の鐘を撞《つ》きます。この習わしは、いまだに廃れることを知りません。近年は、若者を中心にむしろ増えているくらいです。

除夜の鐘は原則として一〇八回撞くものだということは、多くの人が知っています。その一〇八という数は、仏教がいう人間の煩悩の数であるということも知っています。知らなくても、事あるごとに教えられます。平日の寺院が撞く鐘の音は公害だ、騒音だと異議を唱えている人も、大晦日の鐘撞きには口を閉ざしておられます。

人間に煩悩、すなわち欲望を第一として、喜怒哀楽のすべての心の動きが一〇八もあること自体がまず驚きです。仏教における終着点は悟り、すなわちこの一〇八もの煩悩からの解脱、解放にあります。そのような多くの煩悩からの解放に、一年に一度、鐘を撞くだけで近づくことができるのでしょうか。実際に鐘を撞いている人たちの多くは、そのようなことを真剣には受け取ってはいません。一年に一度鐘を撞いておくことで、来年こそこころを落ち着かせようと、自分なりの納得をこころに収めているのです。

煩悩は人間にとって、なんとも厄介なものです。親鸞聖人は、煩悩は自分の意志ではどうにもならない厄介なものであるという認識から、阿弥陀さまのわたしへの働きに、『高僧和讃』（善導讃）で「煩悩《ぼんのう》具足《ぐそく》ト信知《しんち》シテ」と条件を付けられました。「どのようにしても、煩悩から逃れることのできないのがわたしですということを充分に承知して」と、表わされています。

煩悩真っただ中のわたしとは、こころの動きすべて、すなわち喜怒哀楽からひと時も離れることのできないわたしのことです。それに、「手に触れること、目に見えること、耳に聞こえること、肌に感じられること、口で味わえること、それらすべてから逃れる術をもたず、ただ受け入れているわたしの存在そのもの」ということです。

煩悩具足の身なればとて、こころにまかせて、身《み》にもすまじきことをもゆるし、口《くち》にもいふまじきことをもゆるし、こころにもおもふまじきことをもゆるして、いかにもこころのままにてあるべしと申しあうて候《そうら》ふらんこそ、かへすがへす不便《ふびん》におぼえ候へ（「親鸞聖人御消息」二）

「煩悩から離れることのできないわたしであるからといって、してはいけないことを行い、言ってはいけないことを言い、心に思ってもいないのにまるで心の思いどおりにしていると話しあっていることは、なんとも気の毒なことです」と、門信徒に宛てた手紙で述べておられます。

あの人は好きだ・嫌いだ、あれが欲しい・これは要らない、あの人に会いたい・この人には会いたくない等々、人の心の動きには際限がありませんし、自身で制御することもほとんど不可能です。

煩悩から解放されるということは、翻《ひるがえ》って考えれば、わたしの現在の姿そのものを否定してしまうことでもあります。生身のわたしにとって、自分の力で煩悩から解放されるのは、限りなく困難なことなのです。わたしにとって大切なのは、あるいはできることは、煩悩からの解放を目指すのではなく、「煩悩の真っただ中のわたし」でしかないことを知ることなのです。親鸞聖人は、「煩悩具足ト信知シテ」に続けて「本願力ニ乗ズレバ」と示されます。信知しただけで終わりではないのです。煩悩真っただ中のわたしは、「そのままで本願力に乗ず、阿弥陀さまの働きに任せてしまいましょう」と示されます。

さらに、わたしを目当てとして、

凡夫はもとより煩悩具足たるゆゑに、わるきものとおもふべし。また、わがこころよければ、往生《おうじょう》すべしとおもふべからず。（「親鸞聖人御消息」六）

自分の存在をよく知れという、厳しい言葉です。しかし、

弥陀《みだ》の御《おん》ちかひは煩悩具足のひとのためなりと信《しん》ぜられ候ふは、めでたきことなり（「親鸞聖人御消息」二七）

わたしの願いでなく、「阿弥陀さまの働きの中のわたしであることを知る」ことです。ですから、『歎異抄』において、

煩悩具足の身をもつて、すでにさとりをひらくといふこと、この条《じょう》、もつてのほかのことに候ふ。

と、厳しく戒められています。

大晦日にお寺に出かけて行って鐘を撞くことも、煩悩に囚《とら》われていることの表われなのです。鐘を撞くことによって、「煩悩真っただ中のわたしである」ことを教えられているのです。

煩悩は別の言葉で表現すれば、欲望でしょう。

いのちの出発

「PHILOSOPHER」

欲望の最たるものは、性欲です。地球上に存在する生きものには、すべて性欲が備わっています。四六億年前に地球が誕生してからか、宇宙が誕生した一三八億年前かは知りませんが、それがどのような形であったのかも知りませんが、ともかくいのちの素となるものが誕生しています。以来、そのいのちは生滅と変化を繰り返しながら、現在に至っています。

いのちは、細菌であったり、野を埋めつくす草花であったり、鳥であったり、獣であったり、魚であったりと、多様な姿を見せています。人間はそういういのちの連環の一つにすぎません。

忘れてならないのは、地球誕生の四六億年前からか、宇宙開闢《かいびゃく》の一三八億年前からだったかはともかく、しかもどのような姿であったかもわかりませんが、そのときそこに存在していた「いのちの始まり」から現在見ることのできる多様な形のいのちまで、その連環は一度も途切れることがなかったことです。途切れなく伝わったたなればこそ、現在の地球上にはあらゆるいのちの姿があるということです。

わたし一人のいのちの時間は、せいぜい一〇〇年です。しかし、わたしにまで伝わってきたいのちの一つひとつは、数え切れません。しかも、他のいのちと同じで、わたしにまで伝わったいのちは、その出発点から今日まで、途中で途切れることは一度もなかったのです。もし途切れたなら、今のわたしは存在していません。

徳富蘆花の『不如帰《ほととぎす》』に、「人間はなぜ死ぬのでしょう！　生きたいわ！　千年も万年も生きたいわ！」という有名なセリフがあります。わたし一人のいのちには限りがあります。でも、わたしにまで伝わってきたいのちの一つひとつは、千年も万年も伝わってきたいのちなのです。しかも、わたしを出発点とするいのちは、千年も万年も続く可能性を秘めているのです。

わたしのいのちは、天から降ってきたものではありません。地から湧き出したものでもありません。いつかはわからないその出発の時から、連綿と受け継がれてきたものです。わたしにまでいのちを伝えた直近の伝達者が、母親と父親です。いくら努力しても、わたしが親を選ぶことは絶対にできません。同じように、親の立場になったからといって、生まれてくる子どもを選ぶこともできません。あるがままに受け入れるしかないのです。

新しいいのちの誕生には、親にとっても子にとっても、思いのままにならないことばかりです。数億個の精子の中の一個と卵子との出会いがあって、いのちの芽生えは始まります。細胞分裂が進み、人としての形は数週間で整いはじめます。最後には三〇兆個（一説では六〇兆個）もの細胞が、わたしのすべてを支えてくれるようになります。

限られた時間ではとても数えきることのできない、三〇兆個という数の細胞の一つひとつが、わたし一人のいのちを支えてくれているのです。自分のいのちは自分のもので、自分の思いどおりになるものと、わたしたちはつい思いがちですが、決してそういうものではないのです。

わたしの体の成り立ちは、宇宙の成り立ちとどこか似ています。初期の宇宙は、指数関数的な急膨張（インフレーション）を引き起こし、これが拡がりのきっかけとなってビッグバンが起こり、一気に拡大を始めて現在の形になったとされています。その過程において、多様な物質が創り出され、星が形成されたのです。地球が属する天の川、つまり銀河には、太陽と同じく自ら光を発する星だけで二〇〇〇億個あるとされています。しかも、そういう銀河が無数にあって、それが宇宙の全体を形成しているのです。人の体の細胞も宇宙の星も、まさしく「無量」なのです。

三〇兆個もの細胞で支えられているわたしのいのちは、わたしの思いだけで制御できるものでも、左右できるものでもありません。三〇兆個の一個一個のいのちが、わたしの思いとは関係なく、寿命が尽きるまでわたしを支え続けてくれているのです。

わたしたちには、本能としての「慈しみのこころ」があります。教えられることがなくても、体の不自由な人に手を差し伸べたり、年老いた人に席を譲ったり、幼子に微笑みを送ったりします。そのような心持ちが行動として現れるのは、こころや体の不自由な人、老人、幼子が目の届くところに実在しているからです。不自由さとか弱さとかに対する思いやりは、教えられて生ずるものではありません。知識ではないのです。

そのようないのちのあり方を真摯に受け入れれば、近年行われている出生前診断などは、明らかに人間の傲慢な独断と偏見によるいのちの選別でしかありません。

いのちの出発点である受胎は、わたしの意志で左右できるものではありません。受胎を知って診断を受ける前に、不自由な体で誕生しかけたいのちが切り捨てられることなく、その不自由さを抱えたままでも、授かったいのちをいかに全うできるかの仕組みづくりが先にくるはずです。誕生前の子どもの性別を判定することにも、同じ違和感がぬぐい切れません。誕生を見てから、男の子は男の子として喜べばよいし、女の子は女の子として喜べばよいだけのことです。現代医学は、いのちのあり方に関して、多くの問題を提起しているのです。

がんを含めた完治困難な患者の終末期における対応もそうです。ビハーラとかターミナルケアなどの終末期医療、看護のあり方が今、社会的にも重き関心を集めています。

医療の面からは、恢復の限界が判明していても、その時を迎えるまでの一か月、二か月、あるいは一週間、二週間の日々の過ごし方は、医療を超えた世界です。しかし不思議なことに、こうした医療と宗教とが深く関わることが明らかな事態にあっても、その議論の場には医療者、行政担当者、法律関係者などが加わっても、なぜか宗教関係者は加わっていません。生も死も含むいのちの現場では、医療従事者と宗教者とはより広く、そして深く密接な関係をつくるべきです。

宗教と医学

医療の現状は、延命治療にも限界があるという事実から目を逸《そ》らせなくなっています。完治が困難な患者に直面する、すなわちいのちの限界を直視せざるを得ない立場に身を置かざるを得ないのが、医師や看護師などです。

医の世界における「いのちの姿」を知る方法は、体の分解から始まります。皮膚、筋肉、骨、血管、細胞と、分解作業を進めることで、いのちそのものに辿り着こうとします。

「分」と「解」です。つまり、「わかる」世界です。わからないことをわかるように、論理を積み上げるのが、医学という科学の世界です。

解剖はかつて、「腑分け」といわれていた時代がありました。宗教にとっていのちを知るとは、分解ではありません。わかる、わからないの世界ではないのです。ありのままのすべてを、そのまま受け入れるのが宗教です。

宗教で「わかった」といえば、その宗教が終わったときです。医学で一つわかったことがあれば、それは次の不明の解決への足掛かりを得たことです。

そもそも宗教はいのちを、生と死とを一つとみています。別なものとは捉えないのです。一方で、医学は生についての理解が届いても、死には手が届かないという現実に直面しています。こうした限界を認識させられた医療従事者は、宗教との接点を求めはじめています。

「信ずれば病気は治る」などと標榜しているような禍々《まがまが》しい宗教の存在はさておいて、まっとうな宗教はこうした医療の限界にどのように対応できるのでしょうか。宗教界に突き付けられている、現代の重大な課題です。

現在の宗教者が疎《おろそ》かにしがちで、しかし医療従事者から教えていただける大切なことがあります。触診、視診、問診です。患者の体に直接触れ、目で確認し、声を聴くことです。こうした行為が患者に安心を与え、医療従事者への信頼を深める大切な手だてであるという現場の声です。かつてのかかりつけ医は、訪ねてきた患者の顔色を見るだけで、病気のおおよその見当がついたといわれます。その患者の両親はもとより祖父母、さらには一部の親族の体の状態までを知っていたからです。

SNSだ、インターネットだと、最新の情報伝達媒体の利用には宗教者もご多分に漏れず熱心です。では、そうした媒体をどのように活用すれば、門信徒と直接目を合わせ、声を交わすことになるのか、そういう手段として情報伝達機器を用いることが求められているのです。

人との触れあいを第一にすることが、宗教者本来の姿であるはずです。ここで求められている宗教者は、自分の信心の喜びを自分の言葉で語れる人であり、経文の語句の説明に汲々とする宗教者ではありません。

医療の限界に身を置いている患者に宗教者が具体的にできることは、担当医師と充分に意思疎通をはかりながら寄り添い、手を握ってお互いの温かさを感じあい、見つめあって安心を伝え、泣きたいときには泣き、笑いたいときは笑い、苦しいときは苦しみ、叫びたいときは叫ぶ、そういった時間を共有することだけです。しかし、このことが大切なのです。

この時間の共有が必要なのは、患者に対してだけではありません。宗教者は、医療従事者とも密接な関係をもたねばなりません。

こうした行いが宗教者に求められているはずですが、現実にはビハーラやターミナルケアなどが行われている施設以外では、宗教者の表立った活動を目にすることはほとんどありません。

病院の多くは、友人の見舞いすら僧侶姿では敬遠されるといいます。謂れのない偏見がいまだに蔓延《はびこ》っています。一部の病院でのことですが、死を忌み嫌うあまり建物の階数表示に「四」を避けて、エレベーターや階段の表示が三から五に飛んでいることからも明らかです。

一方、僧侶の側も立場上死に関わる機会が多いだけに、見舞いの折に妙に忖度してしまうのです。僧服姿を避ける自主規制をしているという現実があることは紛《まぎ》れもない事実です。

いのちの終わるとき

細菌が善くも悪くも他の生き物にいたずらするのも、木々が花粉をまき散らすのも、草花が花を咲かせるのも、動物のそれぞれに恋の季節があるのも、すべていのちの受け渡しのためです。

このいのちの受け渡しには、必ず死が伴っている事実にも注目すべきです。死が無かったならば、いのちの受け渡しは不可能なのです。「世の中に絶対はない」などと一般には認識されています。でも、「いのちあるすべてのものは死を迎える」、このことは絶対なのです。

死があって生があり、生があって死があるのです。いのちのあり方とは、そもそもそうしたものです。仏教では、いのちの姿を「生死《しょうじ》」と表わして、生と死とを分けて表現しないのは、生と死とが表裏一体であるとの理解があってのことなのです。

死んだら終わり、死んだら無、死んだらゴミ、死の世界は虚無でしかない、などといわれますが、そのようなことは決してありません。わたしが今ここに存在しているのは、先人の死があればこそなのです。先人の死がなければ、わたしはここに存在していません。逆にいえば、今のわたしが死を迎えればこそ、次の生があるのです。

死が虚無であったり、ゴミであったりすることはあり得ないのです。死は無意味ではないのです。死はいのちの受け渡しにとって大切な、なくてはならない自然の摂理なのです。わたしのいのちは、わたし一人のものではありません。連続無窮《むぐう》の大切な一コマなのです。果てしなく連なって途切れることのない、その接点なのです。

いのちはアミノ酸やタンパク質を基点として、いつ、どこで、どのような姿で生業《なりわい》を始めたのかはいまだに判然とはしません。とにかく、いのちは出発点から何億年なのか、何百億年なのかわかりませんが、一度も途切れることなく、連綿と確実に受け継がれてきたのです。

親鸞聖人は、先に指摘したように、『教行信証』〈教文類〉の冒頭で、

つつしんで浄土真宗を案《あん》ずるに、二種の回向《えこう》あり。一つには往相《おうそう》、二つには還相《げんそう》なり。

と、阿弥陀仏の働きとともに、いのちの方向を示しておられます。ここでの回向というのは、ほとけさまの一方的な働きということです。往相は、往相回向といい、浄土に往って生まれるという働きのことです。そして、還相というのは、極楽に往生《おうじょう》した人が再びこの世に戻って、多くの人たちを教化して仏道に向かわせることです。「生きるばかりのいのちではないし、死んだら終りのいのちでもない」ということです。念仏を戴くものにとって、千の風になってどこかに飛んで行ってしまう、そんないのちではありません。

人がいのち終えて、葬儀を勤め、法事を勤めることは、いのち終えたその人のためだけにしている行為ではありません。いのち終えた人を縁として、今生かされてあるわたし自身を知ることでもあるのです。

こうした儀式を通して、いのち終えた人も含めて、わたしたちは互いの存在を確認しあう場としてさまざまな仏事を受け取ってきたのです。悲しみを癒す場としても必要なのです。こうした儀式は、決して無駄ではないのです。

人がいのち終えるとき、その悲しみを知ることによって、偲ぶことによって、今あるわたしのいのちの有難さ、生かされてあることの尊さを知るのです。いのち終えることを忌み嫌った

り、縁起の悪いこととして遠ざけたりするのは、いのちに対する冒涜以外の何物でもありません。

いのちは輪廻か

仏教の生命観は、地獄、餓鬼、畜生、修羅、人間、天上の六道を、JR大阪環状線の如く永遠に回り続けることと捉えられています。六道輪廻転生の生命観です。

現在の仏教界では、人がいのち終えられると、その日を始まりの一日目として七日目ごとにお参りをして、その七週目の四十九日をもって中陰あるいは忌明けとします。家族はもとよりいのちを終えた人と縁ある人を迎えて、大切にお勤めが勤まります。七は、六道の六を超えた、悟りが定まった日とみたからです。地獄なのか浄土なのかの行方定まらずの状態から、浄土往生が決まった日が四十九日なのです。七日ごとのお参りには、残された縁ある人の悲しみを癒す大切な意味もあります。

最近の葬儀社のテレビのコマーシャルで西洋人風の男性が、「日本のお葬式は、なぜ喪主はこんなに忙しいのだろう」と呟く場面があります。喪主の一面の行動しか見ていない、経験のない人の言葉です。わたしの経験でいえば、喪主は忙しいことで悲しみを一時だけでも忘れることができるのです。七日参りも同じことです。今の言葉でいえば、喪主を始め周りの人たちがお坊さんの姿を見る、お勤めに逢うことは、グリーフ・ケアの一環なのです。

六道輪廻《ろくどうりんね》と密接に関連した七日参りは、今では日常の仏事習慣となっています。しかし、浄土真宗にみる阿弥陀さまの働きを通しての生命観は、六道輪廻とはみられません。

親鸞聖人が、

それ真実《しんじつ》の教《きょう》を顕《あらは》さば、すなはち『大無量寿経《だいむりょうじゅきょう》』これなり。

と示された、『仏説無量寿経』上巻の四十八願の「第一願」に、

たとひわれ仏《ぶつ》を得《え》たらんに、国《くに》に地獄《じごく》・餓鬼《がき》・畜生《ちくしょう》あらば、正覚《しょうがく》を取《と》らじ。

続く「第二願」では、

国中《こくちゅう》の人天《にんでん》、寿終《いのちおわ》りての後に、また三悪道《さんまくどう》に更《かえ》らば、正覚を取らじ。

と明らかに、六道の中の地獄・餓鬼・畜生を否定しています。

また『仏説阿弥陀経』にも、

かの仏国土《ぶっこくど》には三悪趣《さんまくしゅ》なければなり。舎利弗《しゃりほつ》、その仏国土にはなほ三悪道の名《な》すらなし

と示され、地獄・餓鬼・畜生といのちが転生することを否定されます。

すなわち、地獄・餓鬼・畜生・修羅・人間・天上の六道を輪廻するといういのちの循環は、ありえないことなのです。

阿弥陀さまの働きによって浄土往生が約束されている身にとって六道輪廻、とくに地獄・飢餓・畜生の三悪道は、そもそも必要のない世界なのです。

『浄土三部経』を基本経典としている浄土真宗にとって、そこから読み取れるいのちのありようは生死の直線的な繰り返しなのです。念仏の縁にあった者は、そのいのちを終えれば往生、すなわち浄土に誕生し、阿弥陀さまと同体とならせていただく往相と、念仏の縁を次のいのちに結ぶ働きをするために現世に還《かえ》る還相との循環であり、六道の輪廻転生からの脱却を第一義とするものではないということです。

織田信長の時代に、真宗門徒の農民が中心となって起こした世直し運動である一向一揆の旗印が、「厭離穢土《おんりえど》、欣求浄土《ごんぐじょうど》」と、現世から来世への直線指向で示されていることでも、六道の輪廻転生からの脱却を第一義としていないことは明らかです。ちなみに、ここでいう一向とは阿弥陀さま以外は一切礼拝の対象としない、一方向にしか向いていないという真宗門徒の一途な姿を示す言葉です。

三悪道、すなわち地獄・餓鬼・畜生の否定は、恐怖を対極において救いを示すことを表わしているものではないということです。仏教は、悪いか・善いかの二者択一を迫る教えでもありません。敵対者を押し立てて、これを排除することに傾注する教えでもありません。そもそも阿弥陀さまの世界には、三悪道といった名前さえなかったのです。

性

このようにして受け継がれているいのちの原動力は、生き物に本能として備わっている性欲です。しかし、仏教は在家信者が心に誓って守るべき徳目を「五戒」の一つとして邪淫《じゃいん》を設け、性欲に任せたみだらな行為は厳しく戒めています。自己の本能としての欲望を、いかに制御するべきかを示されたのです。

お釈迦さまがブッダになる前、シッダルタとよばれていたころに、四苦の解決を求めて苦行林に修行に向かわれました。そこで二〇年を過ごされますが解決への道は得られず、苦行林から離れてブダガヤのニレゼン河（ナイレジャー）の河岸の菩提樹の木陰で休息します。そのとき、村娘スジャータから一椀の乳粥を恵まれ、安息することですべてを解決、悟りに至られたと伝わっています。

一国の王子として育ち、結婚され、子どもが生まれるなど、それなりに穏やかな暮らしを過ごしておられたお釈迦さまです。そのお釈迦さまが自らの意思で日常の暮らしを断ち切って悟りを開こうとする劇的な状況で、乙女が現れるのです。たとえ伝説とはいえ、人間のあるべき姿を飾りなく表わしているように思えてなりません。

親鸞聖人も、多感な年ごろの九歳から二九歳までの二〇年にわたって、比叡山で修行を重ねら

れました。それでも、覚如上人の『御伝鈔』に、

雑行《ぞうぎょう》の小路《しょうろ》迷ひやすきにより

とあるように、この間のご苦労では自己存在の解明に満足な解答は得られませんでした。親鸞聖人は山を下り、京都の街中にある頂法寺六角堂に参籠《さんろう》されます。

『御伝鈔』によれば救世《くぜ》菩薩から、

行者宿報設女犯《ぎょうじゃしゅくほうぜつにょぼん》　我成玉女身被犯《かじょうぎょくにょしんぴぼん》　一生之間能荘厳《いっしょうしけんのうしょうごん》　臨終引導《りんじゅいんどう》　生極楽《しょうごくらく》

と告げを受けられました。

「悩みの解決が難しければ、わたしが女性となって手助けをしましょう」と、夢の中でお諭しを受けられたと伝わっています。

それでも、親鸞聖人は恵信尼と家庭をもたれます。お坊さんでありながら結婚されたのです。邪淫という言葉が当てはまるかどうかは別として、公然と五戒の一つである女犯の禁を侵されたのです。

こうした行為は、本能としての性欲に任せた行いであることと取るか、社会生活者としての規範の範囲内での行動と取るかは議論の分かれるところです。それでも、朝廷の認可を得た僧として名乗りをあげている者としては、当時としては想像を絶する破戒行動を実行されたことは事実です。

今日と当時とでは結婚の形態・ようすはずいぶんと違います。妻となられた恵信尼は文字も表わされ、使用人もおられたようですから、市井の女性というより、鎌倉時代としては恵まれた境遇におられたようです。

一介の僧侶が女性と表立って昵懇《じっこん》になること自体が稀だったでしょうし、それなりの手続きも必要だったでしょう。しかも、当時の男女の結びつきは、男性が女性の住まいに通う「通い婚」が通例でした。女性も、せいぜい牛車の窓のすだれ越しに想い人のようすを窺うくらいが、許されることでした。たとえ認められた仲とはいえ、僧服姿で女性宅に通うことは、並大抵なこころのもちようではなかったはずです。

聖人にも、女性と暮らすことへの躊躇《ちゅうちょ》があったのでしょう。師である法然上人にその旨の可否を尋ねられます。すると法然上人からは、「念仏の邪魔にならないのならよいでしょう」とのご返事があったと言い伝わっています。

聖人にはあわせて、六角堂での久世菩薩の夢告《むこく》にその名が現れる玉日と名乗る女性の存在が、真偽のほどはともかくとして伝わっています。

お釈迦さまのスジャータ伝説といい、親鸞聖人の結婚という行動といい、人間としての飾りない姿そのものの現れです。そうであればこそ、和讃に示された「煩悩具足《ぼんのうぐそく》ト信知《しんち》シテ」という言葉は、それだけに留まらず「本願力《ほんがんりき》ニ乗《じょう》ジ」と続くことで重さが加わるのです。

悟りの世界は、煩悩を完全に払拭してのちに開けるのです。しかし、生きているわたしは、自分の努力だけで煩悩を完全に払拭することは不可能です。悟りの世界、すなわち煩悩が完全に払拭された世界に至ることは、阿弥陀さまの働きに任せるしかありません。

恋と愛

似たようでどこか違う「恋」と「愛」。

何が、どのように違うのか、改めて問われますと戸惑うことがあります。

恋は、恋人であったり、恋慕であったり、恋愛であったり、悲恋であったりと、恋歌であったり、失恋であったりと、総じて優しい印象を与えます。

愛は愛人であったり、人類愛であったり、動物愛であったり、愛憎であったり、厳しくて激しい言葉の印象を持ちます。

男女間における愛の世界は、一見するかぎり幸せの結晶であるかのようですが、わずかなすれ違いがあれば、一転して憎悪の対象にもなりかねません。たしかに人類愛、動物愛などという言葉の一部として使われる愛も、一見すれば優しさや平等を表わしています。しかし、人類愛の愛とは、自分の想いだけで相手を抱きとめることで、相手から手を差し伸べられると不安になったりします。動物愛にしても同じことです。人間の役に立つ動物は、ペットであれ、食用であれ、大切に扱いますが、人里に出てきた熊や鹿などは駆除という名で殺し、そのことに心を痛めることは多くありません。

牛や豚やニワトリは平気で、しかも美味しいとか不味いとかいいながら食しているのに、他の生きものを食するために、そのいのちを奪えば、「残酷」だといって非難します。この非難されるときに使われるのが動物愛です。

愛とは、わたしが相手を一方的に求め、わたしになびかせ、わたしの意思のもとに置かなければ満足できない姿をそなえています。そうした姿の表われとして悲劇が起こったりもします。親子愛という言葉のもとで幼い子を道連れにする親子心中があります。親の一方的な思い入れでわが子を道連れにしてしまいます。これも愛という言葉のなせる事実の一面です。

また男女間の揉めごとの発端の多くも、愛情のすれ違いです、言論ですんだり、裁判で決着がつけばまだしも、時によれば傷つけあうような場面にまで発展することがあります。

愛とは広辞苑によれば「いつくしみ合う心。思いやり。かわいがること。大切にすること……」と説明されていますが、実際の愛は厳しく、激しい心のもちようをも示すことです。

一方の恋は、「切なく思うこと」、「思慕の情」と説明されています。弱よわしく、柔軟で、はかなく心に響く言葉としての印象を持ちます。

男女間における恋とは、愛と同じく相手を求める心持ちではありますが、一方の想いが相手に伝わっているかどうかとには、それほど重きが置かれていません。もちろん相手に想いが通じることは切に望んでいますが、そのことよりも自分の相手に対する想いの始末に苦悶する姿をみることが多くあります。そして、恋の多くが一方通行で結末を迎えることは多く見られます。

恋という言葉からは、厳しさとか激しさ、あるいは憎しみという言葉が連想されることはまずありません。

恋という言葉は、表現を変えて言えば「慈愛」です。相手を慈《いつく》しみ、そしてともに悲しむことのできる世界を表わしている言葉です。さまざまな仏像が示す、ほのかな微笑みは、恋という言葉の一つの具現化された姿です。決して愛の表現ではありません。

わたしが小学生の五年のとき、隣の席がクラスで人気者の女児でした。あるとき同じクラスのやんちゃな男児が、その女児にイタズラを仕掛けました。側にいたわたしは二人のあいだに分け入り、その男児にイタズラをやめるよう詰め寄りました、ふだんから一目置かれるほどのやんちゃな男児に、まさかわたしが立ち向かうとは、クラスの誰もが想像もしなかったことです。

小学校を卒業すると、その女児は女子中学校へ、わたしは男子中学校へと別れました。

小学校時代はそれほど意識していなかったその女児に、なぜか無性に会いたくなりました。会いたくて胸が詰まるような日々をおくり、あるときは校庭の隅にあるベンチに、授業の始まるのも忘れて座り続け、彼女の面影を追い求めていました。

十数年たって小学校の同級会が催され、久しぶりに彼女と会いました。彼女は遠く離れた地ですでに家庭をもっているということでした。

一次会が終わり二次会への道で、気がつくとわたしは彼女と肩を並べて歩いていました。他の級友は三々五々談笑しながら、わたしたちと少し距離を置いていました。わたしの行動からか言葉からか、級友たちは気を遣って二人きりにしてくれたということをあとで聞かされました。

わたしが彼女と会ったのはそのときかぎりで、その後の消息はまったくわからないままです。わたしの彼女への想いが彼女に届いていたかどうかは不明のままです。これがわたしの初恋でした。

恋と愛はその言葉の表わす世界は、まったく違います。

恋は心の世界を表わし、愛は人間の我欲に結びついた世界を表わしています。

阿弥陀さまの慈悲心は恋心に通じますが、愛心（この言葉があるかどうかは別にして）では意味が違ってきます。

悩み

自らの意思で宗教の世界に踏み込むきっかけは、さまざまな悩みに直面し、そこからの脱却に対応したときに多くをみることができます。恋を含めた人間関係であったり、経済問題であったり、体調の具合であったり、進学や勉強に関する学校問題であったり、あるいは父母・兄弟・夫婦間の家庭問題であったりと、一人の人間が生きるうえにおいて、悩みの種は尽きることがありません。

人は、それらの悩みの解決を望んで宗教の門を叩き、声を聴こうとし、うなずこうとします。しかも、そういう悩みの問いかけの多くに共通しているのは、いずれも解決した先のあるべき姿はわかっているということです。恋の悩みは成就であり、家庭不和は円満であり、試験は合格することなどです。

しかし、現実は願いが必ず成就するとはかぎりません。多くの人は、望んでいる結果との落差に直面して愕然とします。そして、つい口に出てしまうのが、「神もほとけもあるものか」という言葉です。

あらゆる悩みの根源は、こうした身近で目に見える事象に由来するものばかりではありません。己の人間としての存在の意味を尋ね、思い悩むこともあります。なぜ生まれてきたのか、なぜ生きてゆかねばならないのか、せっかく生まれてきたのになぜ死ななければならないのかです。

それぞれの悩みの回答が、それぞれの場で望まれている形として人の気持ちを満たすことは稀です。さらに厄介なのは、悩みの根源である欲求の度合いには、個人間の軽重があるということです。対象によって、時によって、それぞれの人生経験の差によって、その悩みの程度に違いがあります。ある人には平然とやり過ごすことができることも、ある人には我慢ならない悩みになることがあります。悩みとは千差万別、人それぞれです。

お経は、その種類が八万四千あるとされています。浄土真宗の根本経典は、そのうちの『仏説無量寿経』、『仏説観無量寿経』、『仏説阿弥陀経』の浄土三部経です。八万四千もの経典があるというのに、根本経典はたった三つです。

お釈迦さまは、ご自身が悟られた絶対真理を伝えられるとき、相手に応じて言い方に違いをつけられました。「対機説法」といいます。「応病与薬の説法」ともいいます。病気がちの人にはそのことに気を配りながら、頑健な人にはそのことを理解したうえで伝えられたのです。頭の痛い人には頭痛の薬、お腹の痛い人には腹痛の薬をそれぞれ按配《あんばい》するのと同じです。薬も、与える人を間違えれば効き目がないばかりか、いのちに関わる事態になります。もちろん、混ぜることにも気遣いが必要です。

一つの山の頂上を目指すのに、険しいけれども直線的に短い距離で登れる道もあれば、つづら折りで時間はかかるが緩やかな道もあります。現代ならば、ケーブルカーで登ることもできれば、ヘリコプターで一気に登ることもできます。頂上を目指す人の状態と条件によって、選ばれる道と方法はそれぞれです。しかし、頂上を目指すという目的は一つです。

足腰に自信がない人が、わざわざ険しい道を歩む必要はありません。穏やかな道が準備されているのですから、その道を選べばよいのです。どの道が自分にふさわしいかを探す、検討する必要があります。すなわち、悟りを開くという一つの目的を達成するには八万四千もの道筋があり、その道筋に沿って多くの宗派が存在するということです。

山道であっても街中であっても、往々にして陥るのが、道を見失うことです。どちらに向かって進めばよいのか、自分の居場所がわらなくなってしまうのです。こうした状況でも確実なことは、目的地に辿り着かねばならない、この目的だけははっきりしています。

街中で迷子になることは、自分の居場所がわからなくなったということです。それでも目的地は待ち合わせ場所であったり、帰るべき自宅であったりと、明確に自覚しているのです。

団地内の道路わきの道案内の看板や、大きな公園の施設案内用の見取り図などには、いずれも共通する文字が書いてあります。その文字がなければ、看板や見取り図を置いておく意義がありません。「現在地」の文字です。この三文字があってこそ、目的の場所にたどり着く道筋がわかるのです。

自分の居場所はわかっているのに、目的地がわからないこともあります。就職先の決め方などがそういうものでしょう。恋の告白のように、自分の位置も目的もはっきりしているのに、どのように行動してよいか思い悩むこともあります。これらは迷うとは別の次元ですが、こうした千差万別の事象に対応できるように、お釈迦さまは数多くのお経を残しておられるのです。

親鸞聖人は、数多くのお経に触れることのできる比叡山での修行の日々では満足が得られず、京都の街に降りて、法然上人との出会いをもたれ、その教えを受けて『仏説無量寿経』、『仏説観無量寿経』、『仏説阿弥陀経』の「浄土三部経」を根本経典と定められたのです。浄土三部経を紐解くことで、絶対他力と専修念仏に自分の進むべき道、解決の道を見出されたのです。数限りなくある山の登り道や入り組んだ街中の道から、一本の道を選ばれたのです。

雑行を棄《す》てて本願《ほんがん》に帰《き》す

生・老・病・死

「GREEN TARA」

生・老・病・死について、親鸞聖人は『教行信証』の〈信文類〉で、

四流《しる》とはすなはち四暴流《しぼる》なり。また生老病死《しょうろうびょうし》なり

と、述べられます。現代語版には、

四流というのは、迷いの因である四暴流、すなわち煩悩であり、また迷いの果てである四苦、すなわち生老病死である

と、「人の生きざまそのものが煩悩である」と述べられているのです。

医学が発達を遂げ、それぞれの症状に精通した医師と出会う機会に巡りあうことで、なんとかいのちに関わる諸問題に解決の緒《いとぐち》を見いだせるようになっています。そういう社会において、人間の根源的な悩みであるはずの「生・老・病・死」に真正面から向きあうことが、日常の暮らしの中で、置き去りにされてしまっています。

生

新しいいのちの誕生に臨《のぞ》んで、いまや母子の無事を危惧することは稀な心配となっています。現代はむしろ、もろ手を挙げての出産の祝い事だけになっています。ところが、昭和二十年代以前のお寺の「過去帳」からは、名前欄は空白で年齢欄には「当歳」と記されたり、「誕生」とだ

け記して死亡年月日が記載された項目を散見します。これに並んで、「○○嫁」、あるいは年若い女性の名前が記載された項目があります。出産時に、母子ともにいのちを落とされたことを表わしています。

不思議なことがあります。誕生を迎えられなかった子や、無事に育つかどうか不明の誕生直後の子に人としての名前が与えられなかったのは不思議ではないとしても、誕生を祝われることのなかった子どもにまですべて、ほとけの名乗りである法名がつけられているのです。誕生できなくても、母親の胎内にいのちを宿したときから、ほとけの縁を戴いていることの証しです。

しかも、お寺の過去帳に記載されているという事実は、形はどうあれ、葬儀を執行されたということなのです。役所への届け出はなく、人としての存在は認められることがなくとも、「ほとけの子として認められていた」のです。仏教では、このように「生」と「死」のいのちを対等に扱い、「死」を契機として「生」を尊く扱っていたことの証しの一つなのです。無事な誕生を見なかったいのちに対しても、ほとけとしての扱いを丁寧にしておけば、水子などというおぞましい名付けはなかったはずです。

仏教でいのちの存在を示すいま一つの証しは、年齢の数え方です。現在は誕生してすぐの子どもはゼロ歳と数えます。現にここに子どもがいるのに「ゼロ」と数える、そういうなんとも不思議な扱い方です。満年齢という年齢の数え方では、一年がたたないと「一歳」にはならないのです。しかも、こうした年齢の数え方に不思議の声が上がらないことも不思議です。

お寺の過去帳の記載は、原則数え年です。ご往生《おうじょう》が誕生日前なら、満年齢に二歳を足します。誕生日後なら一歳を足します。オギャアと産声を上げたときを出発とするか、お母さんのお腹に宿ったときを出発とするかの違いです。誕生した子の姿が目の前にあるのに、ゼロ歳という言い方には違和感が拭えません。

ここ五〇年ほどの過去帳には、こうして誕生直後に死を迎えられた記載は一、二例です。しかも、子どもの例はあっても、母親が同列に記載されることは見かけなくなりました。

近年の医学の方向の一つの表われとして、「賜ったいのち」というより、「作ったいのち」という意識からまず母親を救うことが当たり前のようになっていることの例です。いのちを「作る」という意識は、誕生を前にして母子がなんらかの危機状態に陥り、究極の選択を迫られたときは再びいのちを育む可能性のある母親を助けることで、心の負担をわずかでも減らすことに寄与しているという意識の表われです。

近年に誕生したいのちは、子だくさんが当たり前であった時代と比べますと、比較のしようがないほど大切に扱われます。将来の生活に数々の不安はあっても、生命の危機に切迫感を抱くことはきわめて稀だからです。かつては、誕生したいのちはまず、生き続けることへの不安から始まりました。このいのちが明日まで保てるかどうかという緊張の中での誕生でした。

歴史上の人物に、「誕生年は不詳」と記されてあることは珍しいことではありません。しかし、没年が不詳と記されてあることは稀です。生まれた子どもが無事に育つかどうか不明であったことから、誕生日を記録する必要がなかったのでしょう。親鸞聖人の誕生日も記録はありません。現在は、承安三年（一一七三）五月二一日となっていますが、ご往生の年が弘長二年（一二六二）一一月二八日（現在の暦では弘長三年一月一六日）で、お歳が九〇歳とはっきり記録されてあるので、逆算して推定したのです。

少子化は、日本社会の大きな問題としてあらゆる場面で取り上げられています。少子化を防ぐ具体的な緒は、現在もいっこうに見られません。友人がいった、「子どもが増えないなんて当たり前よ。だって、生まれた子は確実に育つ時代なんだから。昔のように生まれた子がちゃんと育つかどうか不安だったら、家族が増えても食えるかどうかよりもまず、確実に自分の子孫を残さねばと考えたから子どもは自然と増えたんだ」という言葉が妙に耳に残っています。

現在でも、誕生した子どもの名付けに二週間という猶予が設けられているのは、誕生した子が無事に育つかどうかという、先人たちの拭《ぬぐ》うことのできない緊張感の名残でしょう。

日常生活を振り返ったとき、生き続けることが当たり前のようにして過ごしていると、生きていることの一瞬一瞬が綱の上を歩んでいること、決して絶対的な安心の下での一日ではないことを、人は忘れてしまいがちになります。いつ足を踏み外すか、綱が切れるか、一陣の突風が吹きつけるかは、誰もはかり知ることはできないのです。そうした緊張した時間を過ごしていることが、生きているということなのです。常に死と直面した生を紡いでいるのが、今を生きているわたしの生なのです。

この瞬間を生きているわたしにとって、生は必然ではありません。死が必然なのです。今のわたしは、偶々《たまたま》ここにいるだけなのです。計り知れないいのちのご縁に囲まれて、生かされているのです。

親鸞聖人がお坊さんになる得度式を受けられる九歳のとき、夜分になってしまったので翌日に延ばそうかと相談されたところ「今すぐに式を執り行ってほしい」とうたわれたと伝わっている歌があります。

明日ありと 思う心の あだ桜 夜半《よは》に嵐の 吹かぬものかは

老

年齢を重ねることは、あらゆる生き物にとって生を受けた瞬間から決められていることで、どのように努めても免れることはできません。時間がどのような仕組みで、どういう必要があって始まったのかわかりませんが、過去から現在、そして続くかぎりの未来まで止まることはありえません。足すことも、引くことも、溜めることもできません。ただ過ぎ去ってゆくだけです。

地球が太陽の周りを一周するのに要する期間は三六五日です。これは地球の昼と夜とを数えれば納得します。しかし、地球自体が一回転する期間を二四時間と決めたのは人間です。その二四分の一を六〇分、一分を六〇秒、そして一秒を時間の最小単位と決めて、生活の基本単位としたのも人間です。人間が決めた時間の単位です。

中国の唐の時代に活躍した浄土宗の高名な僧で、法然上人や親鸞聖人が師と仰いだ善導大師は、一日を二四時間ではなく、日没、初夜、中夜、後夜、晨朝《じんじょう》（朝の六時ころ）、日中の六時に分けておられます。このように時代によって、地域によって、時間の数え方はさまざまですが、刻々と過ぎ去ることは間違いありません。しかも、こうした時間単位は地球だけに、しかも人にしか適用しません。人間以外の生き物や地球以外の宇宙空間の星にとっての時間は、区切られることなくただ過ぎてゆくだけです。

わたしが小学生のころの、五十歳代、六十歳代の祖父母は、着ているものといい、歩く姿といい、今から思い返すと大変な老人に見えていました。翻って現代の老人は、外見から受ける姿・行動ともに、年齢不詳です。なかでも七十歳代後半から上の世代は、第二次大戦敗戦の苦渋を体験しています。直接の戦闘体験はなくとも、敗戦後の食糧難などを含む社会の混乱を、体験として潜《くぐ》り抜けてきた年代の人たちです。善い意味でも悪い意味でも、怖さ知らずの年代です。

こうした年代の多くの人に共通してみられることの一つに、数字に対しての関心が比較的に薄いことがあります。食べ物の包装紙に印字されてある賞味期限の数字よりも、口にした感覚を重んじます。不都合なく食べられればそれでよし、不都合なら吐き出して終わりです。記された数字に拘《こだわ》るよりも、自身の感覚を大切にするのです。印字された賞味期限はたんなる数字としての意味しかもたない、とすませてしまう感覚の持ち主といってもよいでしょう。

そのような現代の元気なお年寄りは家族から、「靴が傷むほうが困るから、なるべく歩かずにバスや電車を利用して」とやかましくいわれても、本人が歩ける距離なら少々時間がかかっても、靴が傷むこともいとわず歩き通します。とにかく、外で見かける現代の老人たちは元気です。八〇歳で二〇本の自分の歯をもち、自分の力で咀嚼しましょうと喧伝もされます。

しかし、かつての老人は家庭以外に身を寄せる場所はありませんでした。家から追い出されれば、野垂れ死にするしかなかったのです。現在だと、家が嫌で飛び出したとしても、あるいは不都合があって追い出されたとしても、辛抱さえできれば身を置く場所はどこかにあります。贅沢さえしなければ年金制度などで、お金の苦労もしなくてすむような仕組みの社会になっています。シルバー人材センターなど、然るべき窓口に登録しておけばそれなりに仕事もあり、無為に時間を過ごすことなどありません。とはいえ、たとえ死を望んだとしても、その望みは簡単には叶えられません。四方八方から救いの手が伸びてきます。一方で、そうした救いの手が届かない孤独死なども後を絶たない現実もあります。

老人にとって、いろいろ手を差し伸べてもらうのはありがたいことです。その反対に、無為に時間を費やすことも、なかなか難しいのです。デイサービスに行っても、からだの状況にあわせて朝から夕方まで、体操だ、遊戯だ、入浴だ、食事だ、散歩だと、予定がびっしりと組まれています。一日があっという間に過ぎてゆきます。老人が置かれる環境は、かつてとは大きく変わってきています。

老の苦を味わうのは、与えられたいのちの終えどきを、否応なしに実感させられるときです。自分のからだの動きがままならなくなったり、家族のどなたかの死に巡りあったり、同級生や友人が一人欠け、二人欠けする事態に巡りあったときなどです。新聞の死亡者欄を見ていて身近な人の死に巡りあったとき、その年齢に落胆したり、逆に妙な安心感を抱いたりすることもあります。

敷居に思わずけつまずくなどして老いを否応なく自覚させられると、スポーツジムに通いはじめます。体力増強を謳うサプリメントを何種類も求めはじめます。迫りくる老いを遠ざける方法に、懸命になります。しかし我が子の成長を目の当たりにし、孫を抱く機会に巡りあうときがくると、つくづく老いを実感させられます。

取り巻くこのような状況の変化、老いを自覚する機会に接することで、幼いころに家族の誰かに訳もわからず連れられて行った日曜学校や、遊び場として過ごしたお寺の存在を思い起こします。忘れていた心の安らぎを求めてのことでしょう。しかし、かつては自分一人で歩いて行けたお寺も、だれか人の手を借りなければ行けなくなっています。なんとかお寺に辿り着けても、畳に坐ることが困難だったり、お経や法話などの声が聞き辛くなったりしていることに気づきます。そうしたお年寄りのために、お寺も本堂に椅子を置いたり、スピーカー設備をそなえたり、冷暖房装備を準備したりと、さまざまに工夫をしています。

お寺に限らず、社会全体がこうした環境を整えることで、お年寄りをめぐる世の中の仕組みは少しずつ整ってきています。ひいては、老を苦と捉える感覚は、確実に薄らぎつつあるのです。

時間が後戻りすることはありえません。しかし、最近の医学の進歩は目を瞠《みは》るものがあります。時計の針を逆転させる手法まで生み出しました。iPS細胞です。

既存の細胞を初期化して、あらためて目的とする細胞をつくる手法です。理想とする細胞は、誕生からなるべく時間を経過していない細胞、臍帯血《さいたいけつ》などの細胞です。年齢を重ねた細胞だと、傷や汚れを取り除くのに多くの手間などがかかりすぎますが、そうしてきれいに初期化することで、細胞の時間を逆転させるのです。その細胞の時計の針を、極力出発時に近いところまで戻してやるのです。細胞を多様な臓器に発展する前の段階、初期状態に遡らせることで、必要な臓器の細胞をあらためてつくるのです。一部の人であるとしても、歳を重ねた人が、数十年も若返った臓器を身につけることが可能になろうとしているのです。iPS細胞は、過去に戻るタイムマシーンをからだの中につくることでもあるのです。

老いを苦しみと感じる実感が、ますます遠ざかることになります。

病

病院の日中の待合室は、老若男女を問わず人波が絶えません。入院も、緊急事態でなければ順番待ちです。病気が、病人がとくに増えたということではありません。むしろ、健康志向の高まりとともに、わずかな体調の変化にも敏感に反応するあまり、病院が混雑をきわめることになるという現象を起こしています。生死の境を彷徨《さまよ》う重篤な人ばかりでなく、体調のわずかな不調を訴えて病院に足を運ぶ人が大半であることは、待合室の賑やかさからわかります。

その待合室で馴染みの人の顔が見えないと、「あの人、病気にでもなったのかしら」という、落語のオチのような冗談が交わされます。

病院で治療を受けている人の大半は、その病気が平癒することを当然のこととしています。

不治の病とされていたいくつかの病気は、薬や手術の方法などの発見と開発とによって、根治が約束されるようになりました。結核などの呼吸器疾患であったり、心臓などの循環器病、一部の癌であったりがそうです。

かつては、「結核です」、「癌です」と病名を告げられると、本人はもとより、周りの人たちも残されたいのちを数えはじめたものです。しかし、現代ではそのような心配は、無用とまでは言えなくとも、かなり薄らいできています。結核だ、癌だと告げられても、今すぐいのちに関わる事態にあるとは捉えなくなっています。検査の結果を聞いて、風邪か腹痛程度の認識でやり過ごす人までもいます。十数年前に癌を宣告されて専門の病院で手術を受け、現在はまったくの健康人として、仕事といわず、遊びといわず、毎日を満喫する暮らしを送っている人が、わたしの友人にもいます。

癌を克服した人といえば、祇園の元芸妓でシンガーの真箏《まこと》さんがいます。彼女が発信する言葉に、必ずといってよいほど登場するのが、「今日も在《あ》ること、有り難いことどす」です。いのちの危機を乗り越えてきた人の、重い思い、実のある言葉です。

いのちの危機と直結していた病と人とが、そのように少しずつの緊張感と距離を保つようになってきました。病院でそれぞれの症状に精通した医者に診てもらえれば、「なんとかなる」という期待を抱くようになってきました。

病そのものから免れることができないことは理解できますが、病を苦と受け入れることからは遠ざかりつつあります。病気の種類によっては、予防接種をすれば病そのものに罹ることから免れることもできます。そうはいっても、予防接種とは前もって病原菌を体内に取り込み、体に抗体をつくることです。前もってそれぞれの病気に罹るようなものなのです。

その予防接種が間にあわないというか、予防接種すら考えもしなかった新たな疾病が、二一世紀になって世界に蔓延し、二〇二一年五月三〇日時点では三五〇万人のいのちが失われる事態が起こりました。新型コロナウイルスです。新型であるゆえに、予防のためのワクチン開発に手間取って、この病気に特化した「治療薬」は、二〇二一年五月時点では存在しません。新型コロナウイルスに罹患《りかん》した人を前にして、現代の医学といえども対症療法以外は、手をこまねいているしかないのです。しかも、新型コロナウイルス以外で病院に通う患者が激減し、多くの病院が経営危機の状況に陥り、公的な救済と支援を政府に求める事態になっています。

不思議な現象です。病院から多様な病気の患者が減ったにも拘わらず、医師の診断を受けないために死者が急増しているとの現象は、今のところ新聞の報道などからは見ることがありません。通院していた人が通院を控えたからといって、なんらかの不都合をきたしているという声も、あまり聞きません。

新型コロナウイルスの感染の恐れから消えた通院患者、病院に通っていた人たちはどこへ行ってしまったのでしょう。患者として病院の経営を左右していた多くの人たちは、実際には病院にかかるほどの状態ではなかったことを露呈したようにも思えます。理解を超える出来事です。

現代医学は、基本的には罹った多くの病を克服する術《すべ》は手にしていますが、病に罹ること自体から免れる術はもっていません。どのような病気であれ、罹るときは否応なく罹ってしまうのです。その代表が、夏冬に拘わらず罹る風邪です。

風邪はずいぶん歴史のある病気ですが、罹らないようにするには、うがいをする、栄養を摂る、充分な睡眠をとるなどが大切とされています。しかし、未だにこれといった予防の決め手はありません。インフルエンザも、予防接種が行き渡り、毎年多くの人がこれを受けています。それでも、インフルエンザの患者は毎年多く発生します。

こうした現象を逆手に取って、病に罹ることの恐怖心に訴えて、「こうすれば病に罹ること自体から免れることができる」というような、宗教まがいの行いが後を絶ちません。

お寺はかつて、施療院《せりょういん》や施薬院《せやくいん》として病気と直接に向きあう場所であった時代がありました。その名残かどうか、宗教を名乗って「信ずれば病気は治る」などという裏付けのない言葉で、困っている人を惑わせる人が出てきます。弱みに付けこまれてそんな偽物に惹きつけられる人が、この二一世紀の時代にも後を絶ちません。医学と宗教との、歪んだ関係の一部です。

施療院、施薬院といった当時も、お寺は場所を提供しただけで、お坊さんが治療に直接にあたったわけではありませんでした。勉学や修行で中国に渡ったお坊さんが、病気や怪我の治療に役立つお茶をはじめとする多くの薬草等を、経典とともに持ち帰って広めたことが始まりです。宗教と医学とが密接な関係にあったことの証しでもあります。お寺は、弱い人、困った人を引き受ける場所であったことの証しでもあります。

現代医学の驚異的な進展により、病を克服する人の姿を目の当たりにして、病が苦であることから遠ざかりつつある一方で、「病は免れられない苦である」との思いを抱き続ける弱さから人は抜け出せないでいます。

死

生きとし生けるものにとってもっとも顕著な苦は、死です。

無常の世であるかぎり、いのちあるすべての生き物に死を免れる方途は、未来永劫ありません。死を苦ととらえる端緒は、死を教えられ、身近な人の死に出会い、死を自らも逃れられないものとして自覚させられたときです。

あらゆる生き物は、死に直面したとき、その状況から逃れる術を懸命に求めます。ライオンに追いかけられた動物たちがいのちがけで逃げ回るように、あるいは病気に罹ったり傷ついたりした自らの体の一部を切り捨ててでも生き残る方法を取るように。

不思議な因縁を頂いて、この世に誕生させてもらったこのいのちです。それをなぜ、死という形で終えなければならないのか。この事実に直面したとき、これに勝る苦はたしかにありません。

しかし、「では、あなたは死のない世界が想像できますか」と問われたとき、わたしはその答えをもっていません。

いのちの繋がりは、破壊と創造の繰り返しです。いのちが、いつ、どこで、どのような形で誕生したのか、確かなことは今のところわかっていません。それでも、そのいのちが今日まで破壊と創造、すなわち死と生とを繰り返してきたことは、紛れもない事実です。

人間にしても、もともと現在のような姿ではなかったことは、進化という形で示されています。人類の歴史が、平坦な死と生との繰り返しではなく、急激な気候変動による全生物全滅の危機を乗り越えたこと、肺呼吸や直立姿勢での生活を始めたことなど、必然と偶然あるいは突然変異などとの重なりがあった結果として、今日のわたしたちの姿がもたらされているのです。そもそも、地球上の生き物にとって猛毒であるはずの酸素をいのちの存続の基としていることも、そうした人知を超えた自然の企みの一つの表われです。

人類も、現在のホモ・サピエンス一種でなく数種もあって、比較的近年まで存在していたことが確認されているのがネアンデルタール人です。どのような原因があったのか、彼らのすべては滅んでしまい、残った人類はわたしたちホモ・サピエンスだけになってしまったのです。もっとも、今のわたしたちは、そのネアンデルタール人の遺伝子を数パーセントは受け継いでいるといいます。

そのように、いのちに死がなかったら、生も無かったのです。仏教では、いのちは、生死《しょうじ》と表わします。生と死とを別々に分けはしないのです。連続無窮であり、無常の具体的な姿そのものなのです。いのちのあり方はそのように理屈では理解できても、生き物の本性として死は苦であり、恐怖であり、不思議であり、ときには怒りですらあり、素直に認めがたい現実でもあります。認めがたい現実である死を、そのままに受け止めるのが仏教です。仏教での死は、命終《みょうじゅう》と表わされます。、死を終わりと捉えるのではなく、新たないのちの出発点と捉えているのです。

わたしが誕生し、日々いのち永らえているのは、食べ物といわず、住まいといわず、夥《おびただ》しい死があってこその結果なのです。

親鸞聖人は、先述したように、『教行信証』〈教文類〉の冒頭で、いのちのかたちを示しておられます。「死んだら終わり、ではないのですよ、いのち終えたあなたは今、浄土に生まれ、そしてすぐに、ほとけとなってここに還ってくるのですよ」と、念仏の働きの一つとしての、いのちのありようを示しておられるのです。「千の風」になって飛び散ってしまうような、そんないのちではないのです。いのちを終えた念仏者は、必ずほとけとなって、念仏を縁ある人たちに伝える働き手として、またわたしの傍に還ってくるのです。

『仏説阿弥陀経』には、

その人、命終の時に臨みて、阿弥陀仏、もろもろの聖衆《しょうじゅ》と現《げん》じて、その前にましまさんと示されてあります。人のいのちは死んだら終わり、ではありません。死んだら無になる、でもありません。ほとけになる大切ないのちなのです。この世に、無駄ないのちは一つとして存在しません。

浄土真宗のお坊さんが、人のいのちの現れの大切な現場であるお葬式に携わる意味は、こうした聖人のお示しを、『仏説阿弥陀経』の言葉を、広く伝える具現者としての役割を果たすためなのです。人としてのいのち終えた形でのお別れの場に出会うことは、苦であり、悲であり、怒りですらあります。しかし、現実からは逃げられません。否応もなく受け入れなければならないのです。

いのち終え、阿弥陀さまのお慈悲に抱かれた目の前の人は、間違いなくほとけとして、わたしに働きかけてくださるのです。いずれあなたがいのち終えたときも、阿弥陀さまの一人働きで、あなたが望もうと望まないとに関わりなく、わたしと同じようにほとけとならせていただくのですよ、と。

小学五年生のときでした。父に祖母が休んでいる部屋に連れられて行きました。薄暗い裸電球の下で、布団に横たわった祖母の周りを家族全員と医師と看護婦が取り巻いていました。家族には割り箸に挟んだ水を含んだ綿が手渡され、順々に、祖母の唇を拭っていました。

わたしが人の死に出会った最初でした。周りの人たちの神妙な顔つきがいまだに印象に残っています。当時のわたしには、その場でなにごとが起こったのか、理解は及びませんでした。悲しみや嘆きといった印象も残っていません。ただ、小学五年生では言葉に表わせない不思議な空間であったことだけは、現在も鮮明に脳裏に残っています。

家族全員で家族の一人の死を看とることは、近年ではどれほどあるのでしょうか。看とりの勤めは、現在では大半が医療従事者に任されています。終末看護の医療従事者にとっては、それが大切な勤めになっています。宗教者がその場に関与することは、現在のところ多くはありません。

日本では、年平均で一〇〇万を超す人が亡くなっているという現実があります。しかし、その多くは病院で最期を迎えられます。しかも、救命救急治療室に入られると、見舞いの人の数にも制限があります。誰彼なく病室に入れるわけではありません。おのずと、小学生など子どもたちは遠ざけられます。人の死を実感として知る機会は、失われています。死の不思議、驚き、悲しみ、怖さ、あるいは怒りを、身をもって知る機会を失ってしまっているのです。

現在は、緊急の場合は医師にきてもらうのではなく、救急車で病院に運ぶことが第一になっています。家庭で最期を迎えられることは、きわめて稀になっています。「畳の上で最期を迎える」は、死語となったのです。アパートやマンション、あるいは現代の建物の構造そのものが、死者を迎え、送り出すことが困難な構造になっていることにも、その一因があることは否めません。

子どもたちにとって、人の死は絵空事であって現実ではなくなっています。近年、身近に現実の死を知る機会は、犬や猫などのペットの死においてです。温かかった体が冷たくなり、呼んでも反応しない事実に接することによって、いのち終えるようすを教えられ、身に感じることができます。死という、代えがたい別れの悲しさ、苦しさに涙することを実際に味わうことになる大切な経験となっています。しかし、そうした別れの場からも、子どもを遠ざける風潮があります。

自宅で家族の一員の死を迎えたわたしの知人は、その後始末の煩雑さに、一言では言い表わせない負担を背負わされることになると呟いていました。亡くなった状況を、残された家族全員が、警察で根掘り葉掘り聞かれる、というよりも調べられたというのです。悲しみに浸る時間もなかったといいます。

善くも悪くも、わたしたちの眼前から、人の死という現実が遠のいています。いのちが他のものに置き換わり、いつまでも続くという仮想の世界に迷い込んでいるようです。前述したように、臓器移植はその代表的な例です。

幼い子どもが老人の死を見て、「おじいちゃんの電池が切れたよ」と叫んだという笑い話があります。わたしの息子は、五歳のときに、彼にとっての曾祖母の死に立ちあいました。火葬場で収骨しているとき、彼は目を輝かせて、「おばあちゃんはロボットだったの?」と呟きました。周りの大人たちは怪訝《けげん》な顔つきで彼を見つめました。彼の指さす先に、骨のかけらに混じってナットのような金属が見えました。曾祖母の大腿骨の骨折部分が、金属で補填されていたのです。子どもには、ふだん手にしているロボット人形の一部分と同じように感じ取ったのでしょう。

テレビのアニメ番組でもテレビゲームでも、バーチャルの世界では登場人物に死の世界は存在しません。車による大事故や内乱の戦闘場面などでも、ニュース報道では死者の姿はむしろ隠されてしまいます。テレビゲームでは、負けた側はただ雲散霧消するだけです。一方の主人公は、何度倒されても必ず復活します。現実の戦場や事故の場面の報道では、死の姿は消され、仮想のゲームなどの世界では、死は未知のままで終わってしまいます。実生活においても、仮想世界においても、死は現実から乖離してしまっているのです。

お葬式

こうした現実であればこそ、だれよりも人の死の現場に接する機会の多い、僧侶の出番です。死こそが、新たないのちの出発の起点だからです。苦や悲や嘆きばかりが死の受け取りではないことを、伝えなければならないのです。

葬儀をなぜ行う必要があるのか、なぜ宗教がそこに関わるのかといった基本の問いかけに、僧侶は答えをもたなければなりません。仏典にこのように示されてあるからといった答えは、求められている答えではありません。もっと身近な答えが求められているのです。

人がいのち終えたあとに、どのような形であれ葬儀が執り行われるのは、いのち終えたあとの人は無になることはありえないことの表われの形なのです。ましてや、ゴミになったりすることは論外であることを知らしめる場が葬儀です。

こうした人の死に対する扱いは、現代だからこうであるということではありません。古墳の発掘調査でゴミに人骨が混じっていたなどということは聞きません。人のいのちは、遥か遠い時代からこのように特別に扱われてきたのです。いのち終えたあとの人の不安や、不思議の気持ちを補い埋めることが、宗教に課せられた勤めであり存在意義です。

いのち終えた人の眼前で僧侶が読経するのは、そこに参列したすべての人とともに、いのち終える事実の苦や悲や嘆きをすべて受け入れることの証しです。ほとけの誕生をともに受け取らせてもらっているのです。

そういう葬儀の場で教えられる大切なことの一つは、亡くなったのは一人ですが、その場にいかに大勢の人が駆けつけてくれているかということです。ふだんから昵懇《じっこん》な人はもとより、疎遠な人も含めて、しかもこちらから頼みもしないのに時間を割いて駆けつけてきてくれているのが葬儀です。一人の人がいのち終えることで、いかに多くのいのちと関わりをもって生きていたかの現れを教えられるのです。こうした具体的ないのちの姿を顕著に教えられるのが、葬儀という場なのです。

理屈では死は免れることのできないものであることは重々理解していても、現実の世では縁起が悪いとか、不吉であるとか、汚らわしいことであるなどと捉える風潮がいまだに拭いきれません。そういう理解の顕著な例に、友引の日に葬儀をしないということがあります。最近は減りましたが、葬儀会場や亡くなった人の家の玄関に置かれる「清めの塩」もそうです。

友引の日に葬儀をしないのは、「友を引く」という文字に由来します。暦の六曜の「友引」は、引き分けという意味です。片方が片方を引っ張って連れて行く意味などはありません。いつの間にか、亡くなった人が友や身近な人を連れて行くと取られて、友引の日には葬儀はしないものだということになり、一部の地域では社会通念化してしまっています。そういう社会通念に任せて、その日は休みとなっている公営の火葬場までがあります。

わたしは、友引を云々する人に語りかけます。友引の日が、亡くなった人が誰かをほんとうに連れにするのなら、注意すべきは亡くなる日です。危篤を告げられたら、暦を調べてお医者さんに、「明日は友引ですから、今日中か明後日以降にならないでしょうか」とお願いするのが順序です。残された者でどのようにでもなる葬儀の日取りは、その次のことです。

わたしは、亡くなった人が縁ある人を連れて行くのなら、「あなたがいのち終えるときは誰を連れて行くのですか」とも問います。

あらためて、自分の身の周りを見渡してみます。死のオンパレードです。

食べ物は言うに及ばず、着る物にしても、そのすべてが、かつてはいのちある存在だったのです。それが自らの死をもって、わたしのいのちを支えてくれているのです。見落としがちですが、住まいもそうです。柱一本、壁紙一枚、天井や床のそれぞれの板、すべていのちあったものです。食べ物、着る物、そして住まうところ、わたしが願いも頼みもしないのに、自らのいのちを投げ出してわたしを支えてくれているのです。数えきれない魚や牛や綿花や蚕や杉や檜が、限りあるわたし一人を支えてくれているのです。

お寺の前で女性から尋ねられました。

「食事をするときになぜ、『いただきます』と言って手を合わせるのですか。わたしはきちんとお金を払っているので、そのような必要はないのではありませんか」。

わたしはその女性に、

「あなたは、誰にお金を渡しましたか、お店の人にでしょう。魚屋さんでしたら、あなたから受け取ったお金は、仲買人さんの元に渡ります。仲買人さんは漁師さんに渡します。漁師さんは、網とか船の維持にそのお金を使います。では、あなたの口に入った魚には、誰がお金を払ったのですか。誰も払っていないのです。無償のいのちを頂戴しているのです」と話しました。女性は頷いて、わたしの前を離れて行きました。

他者の死あってこその、わたしのいのちなのです。わたしの周りにもし死がなければ、わたしは存在できないのです。そうして一切の見返りを求めることなく差し出されたいのちに、わたしは具体的にお返しをする術をもたないまま、限られた時間を生かされているのです。一方的に差し出されたいのちを受けているだけなのです。こうした数限りないいのち、すなわち「死」に囲まれて、人は一瞬のいのちを重ねているのです。そういう姿を教えるのが仏教の存在理由であり、葬儀を勤める意義なのです。

親鸞聖人は『正信偈』の始まりを、

帰命《きみょう》　無量寿《むりょうじゅ》　如来《にょらい》

「計り知れないいのち」と、示していかれたのです。

死は決して縁起の悪いことでも、忌み嫌うことでもありません。生きているものにとって、必然なのです。わたしは、「死に囲まれてしか、生きることができない」のです。

一方で死は、医学の発達とともに生活実感から遠ざかっています。死は眼前には存在しない、そのように受け取られています。しかし、死を克服したのではありません。少しずつ先延ばししているだけのことなのです。

死の経験

死を、楽しいことだとか、待ち望んでいるとか言う人は、きわめて稀です。やはり、死は嫌なことであり、できることなら自分の身には訪れてほしくないことであり、イヤなことというよりも恐怖を覚えることと捉えている人が大半です。

縁起の悪いこととして死を見る人もいます。それは我がこととしての死ではなく、第三者の死が身近に降りかかることを危惧しての身構えの一つです。

では、なぜ死に対してこうした感情を抱き、そのことに多くの人は疑問を抱かないのか。答えは、かつても、これからも、自らの死は体験・自覚できないからです。自分自身はもちろんのこと、他の人にとっても、死の体験は永遠に不可能です。死とは理解を超えた世界なのです。

死は、我が身にもいずれは必ず起こることを知っており、しかもその推測は絶対に外れることがないことも、人はみな知っています。しかし、日常生活を営んでいるわたしが、あらためて死を「恐怖と感じる」ことがどれほどあるのかは疑問です。

わたしの経験です。

高校二年生の秋、友人の運転でドライブ中に事故を起こしました。一瞬のことで、事故の瞬間のことはなに一つ憶えていません。側溝に横転した車から這い出して工場らしき門前まで歩いて、そこに立っていた男性に、「水をください」といったとたん、頬を強くぶたれました。「今飲んだら死ぬぞ」、そう言った男性の声だけは鮮明に耳に残っています。わたしは、口元がなんだか不自然な感覚だったので、口をすすいで、顔を洗いたかっただけのことでした。その傷がどのような状況なのか、まったく理解できていませんでした。

他の友人たちを探しました。事故のあと、一人が首すじから血を吹き出して、通りかかった単車に乗せられてどこかに運ばれて行ったことは、今も目に焼き付いています。幸い、静脈が切れただけだったと、あとになって知りました。事故のあと、わたしの周りの人たちが口にしたのは、「よう、死なんでよかったな」でした。事故現場は、それほどひどい状態だったようです。

この事故をとおして、わたしが身をもって感じたのは、事故の瞬間のことは「なに一つ記憶にない」ということでした。助手席に乗っていたわたしは、ダッシュボードで顔面を強打して、上顎の歯を三本、歯茎ごと飛ばされていました。ところが、顔を打ったことも、痛みのことも、まったく記憶にないのです。もちろん、死の恐怖などを感じることもありませんでした。それでも周りの人たちに、「死んでいてもしかたない」と思わせるほどの事故だったのです。

あとになって一つわかったことは、「死というのは、特別なにも感じないまま、我が身に起こることなんだな」ということでした。

二度目も交通事故でした。

大学に入った年の夏休みに、友人と能登半島一周のドライブを計画し、富山の親戚の車を借りて出発しました。能登半島の付け根あたり、出発してまだ間もないころでした。当時の道路はまだ舗装部分は少なく、多くが地道のままでした。能登半島を廻るその道路も未舗装でしたが、わたしが通りかかった部分は、砂利が新しく敷かれた箇所でした。

なにごとかの異常を感じたわたしは、ブレーキを踏みました。未熟な運転にくわえて敷きたての砂利の上でしたから、スリップした車はそのまま道路をはずれ、田んぼに落ちました。幸いなことに、わたしも友人もケガはなく、泥だらけになりながら道路によじ登りました。大勢の人たちが、「よかったね無事で、もう少しずれて転落していたら大変なことだったよ」と声をかけてくれました。

車の落ちた箇所をあらためて見ると、そのあたりは一〇メートル以上はありそうな深い崖で、落ちた部分だけがぽつんと田んぼになっている場所でした。どれほどの広さかわかりませんが、落ちた小型自動車が三分の一を占めるほどの狭くて小さな田んぼでした。その田んぼは十数メートル下の海岸につながる崖に迫り出していたのです。申し合わせたかのように、たまたま田んぼの部分に落ちていたのです。

あとで友人に聞くと、そのときのわたしは、「落ちる、落ちる」と叫んでいたそうです。しかし、叫んだことも、落ちて行く瞬間も、わたしの記憶にはないのです。もし数メートルずれて落下していれば、わたしも友人も生死のほどは窺い知れなかったはずです。わたしは、死が待ち受けていたかもしれないこともわからないまま、今を生きているのです。

この二例とも、振り返ってみれば死に直面していたわたしでした。にも拘らず、死への恐れなど、わたしは少しも感じなかったというのが事実です。

三度目は、ようすがずいぶん違います。

本願寺に一人の右翼が乱入し、本堂に灯油を撒いて放火を謀り、金属のナットを投げつけて本尊や仏具を傷付け、刃渡り二〇センチメートルばかりの小刀を振り廻すという出来事がありました。彼の言いぶんは、「本願寺の靖国神社への対応がけしからん」というものでした。

わたしは、小刀を手にして腰に力をためた姿勢をとる彼に対面して、普通に話しかけました。「奥の部屋であなたの話を聞きましょう、このままではなんの答えも出ませんよ。いつまでこのままでいるのですか」等々の話をしました。彼は髪をきれいに整え、身だしなみもきちんとして隙なく、覚悟を決めて行動を起こしたことがわかりました。彼は、わたしにはいっさい無言でした。彼とは手を伸ばせば届くほどの距離でした。四方が五、六メートルほどの空間は二人きりでした。

三〇分たったのか、一時間たったのかわかりませんでしたが、彼が刀を構えたまま歩み寄ってきました。わたしはそれなりに覚悟を決め、彼の動きをみつめました。彼はぽつりと、「こんなことをしても、なにも変わらないだろうな」と呟いて、わたしの前の床に刀を置き、振り返るようにして遠巻きに始終を見ていた警官に歩み寄り、身柄をあずけました。

わたしは後始末をすませて帰宅し、就寝前になって家内にその日の出来事を電話で話しました。すると、話の途中からわたしの体は震えはじめ、止まらなくなりました。そして電話口で号泣しながら叫びました。「怖かった」。

乱入した若者と直接対峙しているときは、刀の刃を上に向けて目の前に突きつけられていても感じることのなかった死への恐怖が、家内の声を聞いてふつふつと沸き上ってきたのです。

わたし自身のこのような経験から見えた死とは、「刹那」のことです。その瞬間というのは誰も感じとることは困難で、死に対する恐怖とか嫌悪といった感覚も不確かなものでした。

死への恐怖とか嫌悪といった感覚は、常日頃から聞かされていたり、身近な人の現実の死による別離を経験することで身についているだけのものではないでしょうか。自分の身に実際に起こったときは、気づかないままで過ぎ去っているものなのです。

それでは、死を前もって知らされた状態に我が身が置かれたときはどうでしょうか。不治の病を宣告されたり、死刑の執行を待つように他人の手によっていのちそのものの存在を奪われることが予告されるなどして自らの死が確実視されたときは、まざまざと死の恐怖に襲われるはずです。ですから、死刑囚の刑の執行は、直前に知らされると聞いています。

わたしが右翼の暴徒と対峙していたとき、彼が手にしていた刀の刃は上を向いていました。この刃は、相手を必ず殺すという強い意志を示していることだとあとになって知らされるまでは、自身のいのちにさほどの危機感を抱いていませんでした。

死が我が身に降りかかっているにも拘らず、それを恐怖として知覚しない自分を実際に体験した記憶があります。その光景は今もありありと残っています。

小学六年生の夏でした。京都市の山科の疏水で水泳教室がありました。現在だと想像もできないことでしょうが、わたしの通っていた小学校は山科に分校があり、そこで農園を営み、農作業を手伝う課外授業もありました。農園の近くには、琵琶湖から京都市内に水を運ぶ疏水が流れていたので、夏にはそこでの水泳教室もありました。疏水の流れが池のようになっているワンド（湾処）は小学生でも立てるほどの浅瀬で、プールの代用です。

本流部分は流れも速く、深さも身長を越していましたから、そこで泳ぐことは許されていませんでした。しかし、泳ぎの達者な者は指導の先生の目を盗んで本流に泳ぎだし、流れにしばらく身を任せて楽しみ、ワンド部分に泳ぎ戻ってくる遊びをしていました。

わたしも少しは浮くことができたので、本流に出て流れに身を任せる遊びに興じていました。ところが、どうかした拍子に速い流れから抜け出せなくなってしまったのです。気がつくとキラキラと光を発つ水面が目に映り、橋の欄干に腰掛けた男女がにこやかに笑いながら、水中を流れるわたしを見つめていました。

ようやく、何物かが足に触れたことがわかりました。それを強く蹴ると、顔が水面に出ました。バタバタと体を動かして、苦しい呼吸を重ねながら岸にたどり着きました。

溺れながら流されて見上げた水面の美しさ、にこやかな男女の顔は思い出すことはできるのですが、そのときの苦しさとか恐いなどの感情は、まったく残っていません。ただ美しかっただけです。

苦しかったり恐かったりしたのは、水面に顔が出たあとでした。それは死に対しての恐さ、苦しさという意識ではなく、たんに呼吸ができなかったことの苦しさ、恐さでした。

四苦

王子時代のお釈迦さまが、居城の四か所の門を出られるたびに目にされた、生・老・病・死の姿をきっかけに、生・老・病・死がなぜ苦であり続けるのか、解決の緒はいかにすれば見出せるのかという根源的な問いかけをされました。仏教の出発点です。

しかも、この四苦はいずれも、医学と深く関係している点で共通しています。ところが、生・老・病・死が苦であるという実感は、日常生活から遠ざかりつつあります。宗教者にとっては、人間が存在するかぎり離れることのできない苦である生・老・病・死を、医学とともにどのように見つめ続けるかが共通の課題となっているのです。

お釈迦さまは、この四つの苦にさらに四つの苦を加えて、人間の根源的な苦を「四苦八苦」と表わされました。あとの四つの苦は、「愛別離苦《あいべつり》」であり、「怨憎会苦《おんぞうえ》」であり、「求不得苦《ぐふとく》」であり、「五陰盛苦《ごおんじょう》」です。この四つの苦は、生・老・病・死と比較すれば生活感覚として、我がこととして比較的実感をもって捉えることができます。

愛しい人とも必ずいつかは別れなければならない、嫌だと思う人でも会うべきときには嫌でも会わなければならない、望むものに限ってなかなか手に入らない、自分の想いと身体の実行とが同一化できない、このいずれもが人として生きている以上は免れることはできないのです。苦以外のなにものでもないのです。あとの四苦は、具体的な自身の苦としても、他者の苦としても容易に目に見えて体得できます。

こうした目に見える苦と比べても、生・老・病・死の四苦は人間のより根源的な苦であるにも拘らず、生活の変化とともに、時として他人事として、あるいは表層的な苦としてすまされがちです。今こそ仏教に、浄土真宗に求められるのは、人間の根源的な苦である生・老・病・死といかに対面し、お釈迦さまや親鸞聖人が示された解決の道を具体的に示せるかどうかなのです。

それは、苦を苦とも気づいていない人にいかに伝えるかなのです。現状肯定に埋没・安住して、歩みを止めることではありません。

悩みそのものは、わたしが生きているかぎりにおいてその種類は多様で、しかも生きているかぎり消えることはありえません。だからといって、そのままにしておいてよいものではありません。お釈迦さまの根源的な問いは、この生・老・病・死の四苦から逃げるのではなく、またすべてを解消することにあるのでもありません。この根源的な苦に、いかに正面から向きあえるかなのです。四苦を真正面から捉えるところに、仏教の出発があるのです。

宗教というと、悩みや苦しみから抜け出す方策、解決の道を与えてくれるものと取られがちです。しかし、そのようなことでは決してありません。もし、「あなたの悩みや苦しみを解決します」などという言葉を標榜している教えがあったとしても、すぐには飛びつかないでください。いったん踏みとどまって、そうした教えを静かに見直してみることが大事です。

現在の悩みや苦しみの一つがたとえ解決できたとしても、次の瞬間には別の悩みや苦しみが生じるのが、生きているわたしの姿です。いのち終えるまで、この悩みや苦しみが消えてなくなることはありません。親鸞聖人が「煩悩《ぼんのう》具足《ぐそく》ト信知《しんち》シテ」と言われたのは、こうした隠しようのない、ありのままの人の姿を示されたということです。

悩みは悩みとして、苦は苦として、そのまま受け入れる以外に道はないのです。そうするなかから、なんらかの解決の緒が見出せるかもしれないということです。

仏教の主たる働きは、日本に仏教が伝来した当初から、自身の解脱を目指すこととともに、実生活の全般にわたる苦からいかに逃れるかに重点が置かれていたといっても、過言ではありません。天皇の病気平癒であったり、農作物の豊作祈願であったり、自然災害の鎮静であったり、家族・一族の安寧や商売繁盛を祈願したりと、欲望充足の手段としての仏教の働きは、暮らしのあらゆる場面で求められてきました。

しかし、この欲望を満たすためだけの働きは、本来の仏教に求められる働きではありません。そもそも、仏教はわたし一人の解脱を目指すものです。お坊さんが勉強したり、驚くような修行をしたりするのは、周りの人の解脱のためではなかったのです。結果として、周りにさまざまな働きが及んだというだけのことなのです。親鸞聖人は『歎異抄』の中で、

弥陀《みだ》の五劫思惟《ごこうしゅい》の願《がん》をよくよく案《あん》ずれば、ひとえに親鸞一人《いちにん》がためなりけり

とも言われています。さらに、

親鸞は父母《ぶも》の孝養《きょうよう》のためとて、一返《いっぺん》にても念仏申したること、いまだ候《そうら》はず

と言われたとも伝わっています。仏教はわたし一人の解脱、救済を旨として修行するものであって、第三者が対象の「……のため」ではないことを示した言葉です。

『蓮如上人御一代記聞書末』には、

往生は一人のしのぎなり。一人一人仏法《ぶっぽう》を信じて後生《ごしょう》をたすかることなり

とも述べられています。

釈迦が菩提樹の木陰で悟りの境地に達したとき、自分一人がこの歓びに浸るだけでよいのか、誰かと共有すべきかどうかとずいぶん悩まれたと、後世の仏伝は伝えています。お釈迦さまは、ついには自分一人の歓びに浸るという誘惑を振り切って、苦行林でともに過ごされた仲間にこの

歓びを話されました。これが仏教、釈迦の教えが拡がるきっかけ、「初転法輪《しょてんぽうりん》」です。お釈迦さまは、仏教の教義（法輪）を初めて人びとに説いたのです。

お釈迦さまには、「集まってきた多くの飢えた人たちに一片のパンを分け与えた」などというキリストのような奇跡の伝承は多くはありません。というよりも、たとえばお薬関係とか医療関係に携わる人にとっての家内安全や商売繁盛の願いは、それ以外の生活者の願いと相反します。薬や医療関係者にとっては、病人や怪我人がたくさん出てこそ家内安全であり商売繁盛だからです。苦しむ人のいるその背後に、その苦しみを糧とする人がいるような世界は、仏教の求めている世界ではありません。

もちろん、だからといって薬関係者や医療関係者は必要ないということではありません。仏教が求めているのは、病人であろうと医療従事者であろうと、苦しみは苦しみとして、ともに受け止める、そこに目を向ける、気づかさせてもらう契機を齎《もたら》せていただく世界にあるのです。

その意味では、お坊さんも人の死を待っている、人の究極の苦しみを生業の糧としているのではないか、と問い詰められそうです。でも、これは大きな誤解に基づいた、誤った見方です。お坊さんが人の究極の苦しみである死の場にいるのは、その苦しみに寄り添うことが務めだからなのです。

生・老・病・死の次の四苦、たとえば愛別離苦などは、いつの時代においても、相手を問わず実感としての苦として受け取ることができます。「苦です」といわれれば、理屈としてではなく、いくら時代の変遷を重ねたとしても、容易に理解は及びます。

たとえば愛別離苦は、想いを寄せている人から別れを告げられ、その寂しさを主とする苦しみから脱することのできない状態です。その葛藤は古来、多くの文学作品としても扱われています。相手を想う気持ちが深ければ深いほど、その寂寥《せきりょう》感は計り知れません。こうした心持が昂じてくると、自らを傷つけたり、相手を害する行動に出たりすることがあります。

愛しい人との別れで最たるものは、相手の死によってその現実に立たされたときです。この苦は、いかに科学が、医学が進展しても、また時間がどれほど経過しても、人が人であるかぎりにおいて解放されることは困難です。

ただし、この愛別離苦の苦は、残された側だけが味わうことで、去っていった人がどのような心持ちであるかは知りようがありません。怨憎会苦にしても、求不得苦にしても、すべての人に等しく当てはまるわけではありません。しかし、生・老・病・死を苦と捉えることは、いのちあるものすべてに等しく当てはまることです。とはいえ、近代の医学の進展は、苦であるという意識を身近なところから遠ざけるようになりました。

このような現実に立てば、仏教者が生・老・病・死は苦であるとばかり言いたてることは、この苦がたとえすべての人が等しく受け入れなければならず、逃れられない事実であったとしても、いかにも現実から乖離しているものとして受け取られかねません。仏教離れを止める手立てにはなりません。

仏教者は、医の現場に目を向けて、共どもに歩む道を補うことが、今後の求められる道です。仏教者には、医学者と同じような進歩や発展を望むことは困難です。なぜなら仏教の教えの基本は不動だからです。新しいものだからといって教えの基本がぐらつくようでは、宗教とはいえません。時代や環境に左右されることは、あってはならないことなのです。

『看病用心鈔』

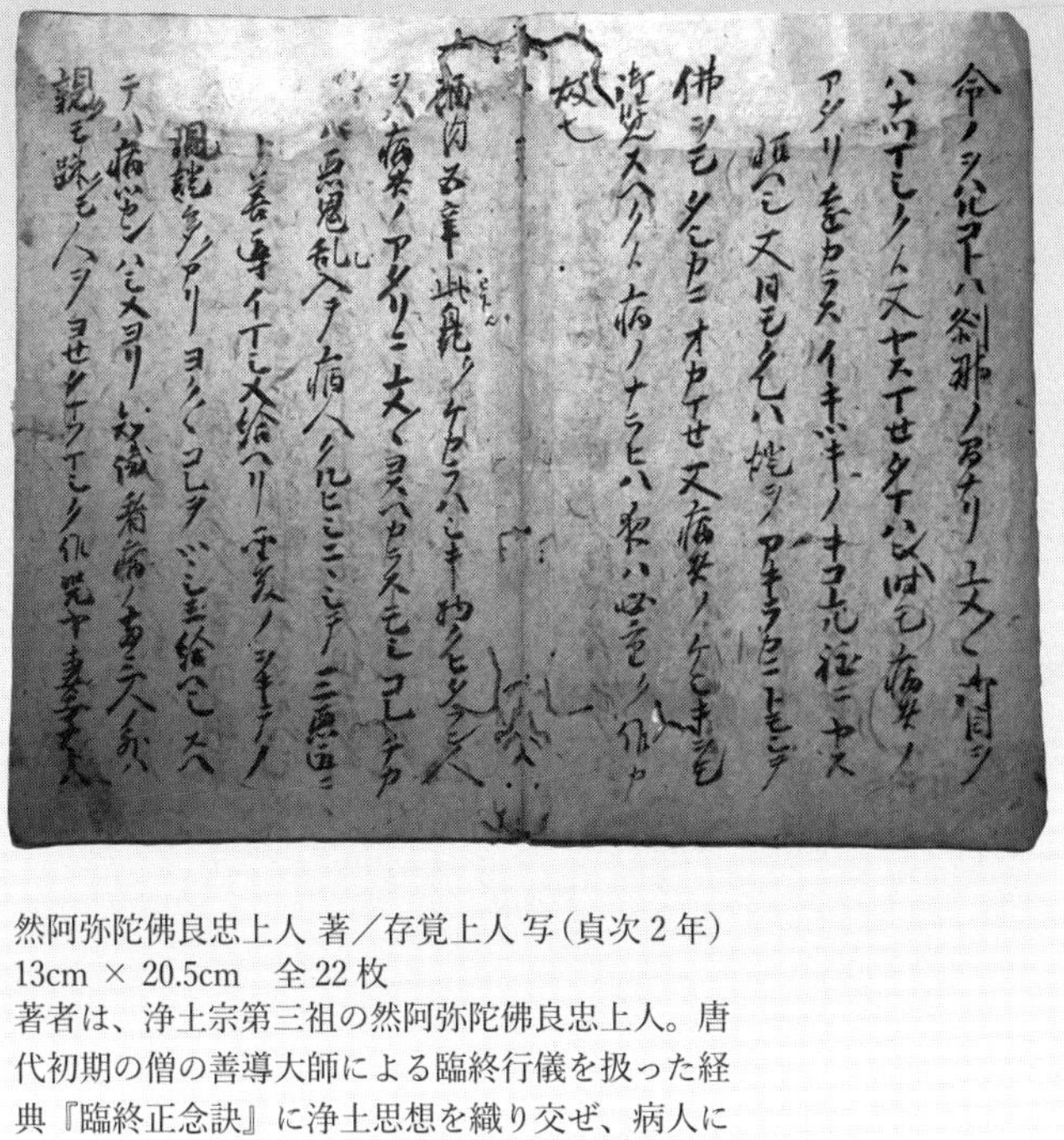

然阿弥陀佛良忠上人 著／存覚上人 写（貞次２年）
13cm × 20.5cm　全 22 枚

著者は、浄土宗第三祖の然阿弥陀佛良忠上人。唐代初期の僧の善導大師による臨終行儀を扱った経典『臨終正念訣』に浄土思想を織り交ぜ、病人に対する看病の仕方を 19 項目にわたって記した。日本最古の看護の書としても知られる。常楽臺の寺宝の一つとして伝わる写本は、常楽臺開祖の存覚上人が晩年に書写したもの。現存する写本のなかではもっとも古く、漢字まじりのカナ表記で書かれている。

病を得た人に、お坊さんとしてのわたしができることは、もちろん治療を施すことではありません。ただ見守ることしかできません。治療は医の専門の人にお任せするだけです。

それでは、お坊さんの立場を忘れることなく、病を得た人を見守るにはどうすればよいのか、どのような態度で臨めばよいのか、その指針をどのように求めればよいのかと戸惑います。こうしたわたしに一つの方向を示してくれる書があります。わたしが預かっている京都のお寺、常楽台（常楽寺）の寺宝の一つとして伝わる『看病用心鈔』です。著者は、浄土宗開祖の法然上人の孫弟子で、浄土宗三祖とあがめられた然阿弥陀佛良忠上人です。

この本のもとになったのは、浄土の教えを説き広めて法然や法然以後の浄土教に大きな影響を与えた唐代初期の僧、善導大師による『臨終正念訣』です。これに浄土思想を織り交ぜて、病人に対する看病の仕方を一九項目にわたって詳細に記したのが、この『看病用心鈔』です。

常楽台が保存しているのは、常楽台の開基であり本願寺三代住職覚如の長男でありながら、故あって本願寺住職の継承を辞退した存覚上人が書き写された『看病用心鈔』です。存覚上人は、親鸞の玄孫《やしゃご》にあたる方です。存覚上人の本の奥書には、「本は鎌倉上人御作」とあります。さらに、「私（存覚）が言う（鎌倉上人とは）然阿弥陀佛良忠也」と記されてあります。

親鸞聖人とほぼ同時代の鎌倉時代に著された本を、存覚上人は一〇〇年たって、なぜ写し取られたのか、その意図はわかりません。しかし、存覚上人が最晩年を過ごされた奈良県下市の願行寺の寺領には薬草園が開かれており、奈良売薬と縁が深かったとの言い伝えがあります。このことから、医はもとより病に深い関心をもっておられたことが推し量られます。

さらに、この書写本の注目すべき点は、生きて病に苦しむ人への心遣いであって、死者に対しての心遣いではないことです。存覚上人があえてこうした写本を残されたのは、その当時上人の周りで何事かこの写本が必要な事柄が起こったのか、あるいは当時のお坊さんの病人に対する態度に注意を喚起しなければならないことがあったからなのかは、判然とはしません。しかし、今となっては教えられることが多々あります。

お坊さんの看とり

現代のお坊さんは、ともすれば死後の世界の安心を中心として、人のいのちのあり方を説きがちです。ところが、この『看病用心鈔』には目の前で苦しんでいる病人への心遣いが述べられているのです。しかも、その目の前の人は特別な立場の人であるとは述べられていません。病人すべてに同じ姿勢が示されています。人として免がれることのできない「生・老・病・死」の四苦のうち、病と死は老若男女を問わず、いつ、どこでかはわかりませんが、身に降りかかる苦です。およそ七〇〇年前の仏教者、浄土真宗のお坊さんはすでに、こうした意識をもっていたのです。

またその当時に、お坊さんが病人を看とる現実があったことの証しでもあります。現状を鑑みると、ただ驚かされるばかりです。

キリスト教では、ターミナルケアとして早くから「看とり」を大切に扱っています。じつは、浄土真宗でも決して手をこまねいてきたわけではありません。「看とり」を中心とする「ビハーラ活動」の流れとして、京都府城陽市で専門病院を運営しています。死者ではなく、死にゆく人を見守ることを主軸に、お坊さんが深く関わって運営している病院です。ビハーラ活動というのは、支援が必要な人たちを孤独な環境に放置することのないように、仏教・医療・福祉が一体となって心の不安の支えとなり、その苦悩を分かちあい、和らげようとする活動のことです。

では、存覚上人が残された『看病用心鈔』には、なにが、どのように示してあるのでしょうか。その一部ですが引用してみます。原文に濁点はまったく打たれていませんが、読む人の理解のしやすさに配慮して、ここでは濁点を使用しています。□で示した空白は、虫食いなどで判読できない文字です。

書き出しは、「敬《うやま》テ知識ノ人ニ申上候」。「敬テ」は文書の書き出しの常套句です。「知識ノ人」とはお坊さんという意味です。この本はお坊さんを対象としているのです。

次いで、「知識ハ病者ニ一子ノ慈悲ヲタルベシトイヘリ」。「看病人としてのお坊さんは、病人を我が子と同じように慈しみの心をもって接しなければなりません」と述べます。そして、「病ニフサン始ヨリ命ツキンヲハリマデ御用心スベキ事共ヲ注申置候」。病人の全生涯を注意深く看病することをここに著しますと、この本の趣旨が述べられています。

病カロケレバト　オボシメスベカラズ　人ノ命ノヲハルコトハ刹那ノ事ナリ　ユメユメ御目ヲハナツマジク

病気の状態が安定しているからといって、油断していてはだめです。人のいのちが終えるときはほんの一瞬です、決して病人から目を離してはなりません。

ヤスマセタマハン時モ　病者ノアタリ遠カラズ　イキツギノキコユル程ニヤス□給ベシ

看病するお坊さんが就寝するときは、なるべく病人の近くで呼吸の音が聞きとれる場所で寝なさい。

日モクレバ燈ヲアキラカニトモシテ　佛ヲモタシカニオガマセ　又病者ノケシキヲモ御覧スベク候病ノナラヒハ夜ハ必重ク候ガ故也

夜分になれば明かりをしっかり灯して、ほとけさまのお顔はもちろん、病人のようすも見られるようにしましょう。病気というのは、夜になると重くなることが通例だからです。

知識看病ノ者三人ノ外ハ　親クモ疎クモ人ヲヨセタマフマジク候　況《いわん》ヤ妻子ナドハユメユメチカヅケタマフマジク候

病人の側には看病人のお坊さん三人だけで、病人と親しいからといっても、あるいは久し振りだからといっても、見舞いの人は遠慮してもらいましょう。まして妻や子どもはどのようなことがあっても近づけてはなりません。病人の心が乱れることへの気遣いです。

知識一人バカリオハシマサバ　常ニ病者ノ眼ノケシキ　イキノイデ入ニ目ヲハナタズシテ鐘ヲウチテ念佛ヲスヽメ給ベシ　又浄土ノ教ヲ説テ心ヲスマサセ給ベシ

重篤な病人の看病をするお坊さんは一人だけにして、眼のようすや息づかいから注意をそらさず、鐘をたたいて念仏を唱えることを促し、状況に応じては浄土の教えを説いて病人を安心させることに努めることを諭します。ただし、ここで鐘をたたいたり念仏の唱えを勧めるといっても、状況を考えるべきことを次のように示します。

念佛ノ声ハタカヽラズヒキカラズ　病者ノ耳ニキコユルホド也

病人のそばで耳に聞える程度の声の大きさにしなさい、と注意します。

また、ほとけの教えを勧めるとはいうものの、あくまで念仏の浄土の教えであって、他のまぎらわしい教えを勧めているわけではありません。

祈祭ナド云事《いふこと》ハ更ニカケテモアルベカラザル事ニテ候

念仏以外の話はもっての外であると、厳しくいさめます。

病者夢ニモウツヽニモミル事アラバ　知識ニ是ヲ語ルベシ　病者思ヒホレテ申サズハ知識何事カミユルトトハセ給ベシ　罪ノ相ナラバ知識心ヲイタシテ同ク懺悔シ念佛シテ罪ヲ滅スベシ　善ノ相ナラバ弥勧《いよいよすすめ》テ励《はげま》サセ給ベシ　凡善悪ノ二事知識ノ外ニハ是ヲユメユメシラセザレ知識モ又ユメユメ是ヲ外ノ人ニシラセ候ベカラズ

病人というものは夢の中でも、時によれば目覚めているときでも、何事か妄想にとり憑かれたりすることがあります。そうした場合、その妄想を見たことを病人が話さないことがあれば、お坊さんはどのような夢を見たのかを聞いてあげてください。その夢が過去に犯した罪のようなことであれば、お坊さんも病人と心を一つにして、念仏して共どもに悔い改めましょう。また喜ばしい夢であれば、その夢の中の出来事をいっそう進めて、ともに喜びを分かちあいましょう。

たとえ夢の中のことであっても、そこで見た善悪の二つのことは、側に控えているお坊さん以外には決して話してはいけません。また、こうした話を聞いたお坊さんは、どのようなことがあってもほかの人にその話をしてはなりません。看病するお坊さんと病人とが、いかに強い信頼で結ばれているかの証明です。

ここで注目すべきは、わざわざ最後の件で、「外ノ人ニシラセ候ベカラズ」と述べておられることです。その当時もお坊さんはお喋りだったのかもしれません。このお坊さんへの注意は、現在にも通じることです。

近年、仏教が衰退することの理由の一つに、お坊さんの資質が低下していることが挙げられます。その一つとして、お喋りがあります。

お坊さんは門信徒から話された内容は、たとえお坊さんにとって大切ではないと感じても、お茶飲み話しの中であっても、法話の継ぎ穂であっても原則第三者に話すべきでない、守秘しなければならないことだと、わたしは認識しています。

法学博士で京都大学名誉教授の大石眞氏は、「何かで裁判になったときにある人が証言を求められたとします。民事訴訟法とか刑事訴訟法では宗教者については最初から免除されています。つまり、信徒さん、信者さんのプライバシーを日頃から預っているものですから、医者とか宗教家について、そういう法廷での陳述義務（証言義務）はないということが明文化されています」（『信教の自由と宗制・宗規』「宗教法人規則と国法の対立調整について〈講演〉」と述べられています。そのような態度であったればこそ、お坊さんは信頼される存在だったのです。しかし、わたしが近年耳にするお坊さんへの不平不満で多いのが、他人の家の事情を断りもなく口にされることです。

お坊さん側からすれば、すでに昵懇の間柄という気の緩みもあり、またそれほど罪の意識ももたずに雑談の延長として、話題の一つとして第三者の個人的なようすを口にされるのでしょう。聞かされた側の人は、その話に素直に共感したり、喜びを感じたりすることがあるかもしれません。しかし、「お坊さんだからこそ」と安心して話した側の人の心を推し量ることもなく、個人のプライバシーに関わる問題を他人に話すことは、個人情報を露呈された人との信頼関係を根底から崩すことにまず気づかなければならないはずです。

こうした積み重なりが、み教えそのものよりも、その教えを伝えるお坊さんその人への不信となり、しだいにお坊さんから、そしてお寺から、さらに仏教そのものから遠く去る遠因になっているのです。

およそ七〇〇年前、今日を予測したかのように、「知識モ又ユメユメ是ヲ外ノ人ニシラセ候べカラズ」と念を押しているのです。

人としての尊厳を失うことなく、病人を扱うことにも触れています。

相構テ病者ヲクルシメ給ザレ　大小便痢《はらくだり》モオキテスベクトモクルシクハタダ臥《ふし》ナガラセヨト

候へ　況ヤカナハヌヲシヰテオコシフセナドスル事ハユメユメ心エヌ事ニテ候　タヽムツキヲアツクシテシカセテ　ツネニコレヲトリカヘトリカヘシテ　クサクケガラハシキ事ヲ除ベシ　又ハナカスワキナドモアラバ相構テコレヲハラヒノゾキテ　常ニ病床ヲキヨムベキナリ

病者を苦しめてはなりませんよ、その一つが大小便と痢《くだりばら》への対応の仕方です。起きて用を足せる人はそうすればよいが、苦しくて横になったままの人はそのまま用を足させるようにしなさい。どうにもならない人を無理矢理に起こしたり、横にして用を足させたりするなどは、感心できることではありません。

おむつを何枚も重ねて用い、いつも取り代えるようにして、匂いが残っていたり、汚いままにしておいたりすることは避けねばなりません。病床はいつも清潔に保つべきです。今日の病人にも、もっとも気を遣うべき問題です。大小便の始末は、誰しもが敬遠することです。自分のものが自分の手に附着しても気持ちのよいものではありません。ましてや、他人の排泄物の始末は、なかなか馴染めないものです。それでも、看病する人は病人の人格を損なわないように、こうして心を配らなければないのです。

最近は使い捨ての紙おむつが普及し、手袋なども簡便な使い捨てがあり、子どもや大人も便の始末に不便さや不潔さを感じることは比較的少なくなりました。しかし、わたしの子どものころのおむつは、浴衣をほどいたりした布製のものでした。汚れたおむつは洗って、たびたび使っていました。それを洗うのもたいがいは素手でした。

しかも、病人がこのような状態のときの病室は、

屛風障子躰ノ物ヲカマエテ　大小便ノ不浄ノ時ハ佛前ノヘダテトセサセ給ヘ　コレモ病□ニナリ臨終チカクミエバコノシツラヒマデモ　サハガシク候ベシ　タダ不浄ヲモカヘリミズ佛ト病者トノアヒヲヘダテズシテ　是ヲオカマセ給ヘ

このように便意を催したときは、御本尊をお飾りした病室に屛風とか障子などを用意して御本尊とのあいだを仕切るようにします。しかし、病が進み臨終間近になったときは、こうした部屋の構えは気にせずに、病者が御本尊を拝めるようにあいだの仕切りはなくしてあげてください。臨機応変に対応しなさい、たとえ不浄なことであっても、臨終という危篤のときは、まずほとけさまに会うことを最優先にしなさいという心遣いの表われです。

さらに、

正ク終ラン時ハ　タトヒイヅカタヘ向　何様ニアリト云フトモ　是ヲヲシムケ引ムケ　病者ニサハリユルガス事ハ　ユメユメアルマジク候

臨終を迎えた病人は、ただ静かに見守っているだけで、体に触れたり揺り動かしたりすること

は、決してしてはなりません。

また、病人を迎える部屋のようすについても、次のように述べられてあります。

先道場ヲカザリ本尊ヲムカヘタテマツリテ佛ノ御手ニ五色ノハタヲ付テ病者ノ手ニヒカフ□
□様ニシツラハセ給ヘ佛ノタカサハ病者ノ臥□ヲヨクヨクオカミタテマツルホドナリ　佛ト
病者ノ間ハ終ニ望テハスコシチカカランガヨク候ヌベキ也　道場ハ別ノ所ニシツラヒワタス
ベシ□為シカルベキ所ナクシテ本坊ナラバ佛ノ御前ニヨリテシツラヒオホセテ日比ノ居所ヲ
バアラタムベク候
□タチ心ヲトメヌベキ物ヲ病者ノアタリニ□是ヲ置事ナカレ香ヲタキ花ヲ□テ常ニ病床ヲカ
ザリ給ベシ

いかに病人が安心してすごすことができるかに細心の心配りを示しています。また、病人は医院ばかりでなく、お寺でも預かっていたことがここから読みとれます。

以上は、七〇〇年前のお坊さんの病者の看とり方の一部ですが、今日にもそのままに当てはまる指摘です。病・死という、生きている者にとっての究極の苦しみに具体的に関わるお坊さんの手当ての一端です。

『看病用心鈔』は、病人とその死に臨むお坊さんの具体的な対応を示しているのです。とはいえ、ここに示された対応が現代のお坊さんに実際に可能かどうかには疑問が残ります。

現代のお坊さんは、お預かりしている門信徒の人数に多少はあるものの、お寺の運営を任かされています。一人の門信徒が病に罹られたからといって、その人の側に二四時間付きそっていることは、現実的には不可能です。他の門信徒へのお参りもあれば、本堂ほかの境内地の世話などもあります。一人のために二四時間を空けることは、現実的ではありません。

『看病用心鈔』で述べられていることを現代において実践に近づけるには、看病や介護を個々のお坊さんにお任せすることは現実的ではないことは明白です。病人に関わることを専門にするようなお坊さんがいて、その人に任せるのが現実的です。現在の本願寺が運営主体となっているビハーラ病院は、そういう理念で誕生しています。これを全国に拡げることが望ましいでしょう。

幸いなことに、お坊さんでお医者さんを兼務している人が日本各地に少なからずいらっしゃいます。そうした人たちと連携し、地域に一つのビハーラ病院を誕生させることが一つの方向として考えられます。本願寺が関わる各学校は、すでに日本各地に数多くあります。そのあり方に倣えばよいのです。最近の仏教離れ、宗教離れを少しでも押し止める方途の一つとして考えられるのではないでしょうか。

だからといって、手をこまねいているだけではだめです。門信徒が入院されたとの情報に接した折には、看病はできなくとも、声をかけたり顔を見せたりするわずかな時間はつくるべきです。

本人に接することが不可能であれば、家族に会って言葉をかけることなどはできます。こうした積み重ねが失われつつあることが、お坊さんと門信徒との距離を遠ざける一因になっています。

『仏説阿弥陀経』

「DRAGON」

浄土真宗における根本経典は、『仏説無量寿経』、『仏説観無量寿経』、『仏説阿弥陀経』の「浄土三部経」です。お経といわれるのは、この三経だけです。インドの龍樹《りゅうじゅ》菩薩、天親《てんじん》菩薩、中国の曇鸞《どんらん》大師、道綽《どうしゃく》禅師、善導《ぜんどう》大師、日本の源信、源空（法然）の七祖、そして親鸞聖人などが著わされた著述は「聖教」といい、「経典」とははっきり区別します。

日本に伝わったこれらのお経の原文は、すべて漢字表記です。現代人にとって漢字だけの表記は、そもそものとっかかりから馴染みにくいものです。だからといって、インドに原典を求めても、サンスクリット語は現在の日本文化ではより遠い存在になります。むしろ、漢字のままで読み下し文にしたもののほうがまだしも馴染みやすく、理解の手助けになります。

日本語の文字は、平仮名にしろカタカナにしろ、漢字を出発点にしています。とくにカタカナは真カナといい、この真カナで著わされた文章は漢字と同じく公の表現として、公文書としての扱いを受けていました。

仏法やほとけさまを和語で讃える親鸞聖人の「和讃」や蓮如上人のお手紙「御文章《ごぶんしょう》」、すなわち広く門信徒を対象とした文章が漢字交じりのカタカナ表記なのは、「私的な文章ではありません」という表示でもあります。親鸞聖人の門信徒に宛てた私的な手紙が平仮名表記なのは、その違いを表わしているのです。

時代が変わったからといって、御文章のそれぞれの表記を安易に平仮名に変えることは、書かれた人の意思とその文章がそなえる社会的意味を踏みにじることになります。文字表記一つにも、それぞれの時代にあわせた、しっかりとした意思が込められているのです。

カタカナが生活実感とかけ離れているからという理由で平仮名に変えるならば、変えることの意義の裏付けが必要です。カタカナが読めないのならば、平仮名をルビに使うとか、読めるようにする指導をすればよいのです。

英語の文章では、知っている単語を拾い読みして、難しい単語はあとで辞書を繰れば理解が届くこともあるように、漢文も知っている文字から読めば、その前後とあわせて少しは理解が届きます。詳しい理解に届かなくても、雰囲気はなんとなく感じ取ることができます。

英語の歌が氾濫していますが、わたしがその意味を理解できることは稀です。雰囲気で口ずさむことが大半です。お経も、そのように読んでみれば、これまでとは違った景色がそこに見られます。漢字ばかりだからと毛嫌いせずに、遠巻きにでも覗いてみれば、意外と近づけることがあるはずです。

浄土真宗の根本経典の一つ、『仏説阿弥陀経《ぶっせつあみだきょう》』を覗いてみましょう。

始まって暫くすると、

従是西方《じゅうぜさいほう》 過十萬億佛土《かじゅうまんのくぶつど》 有世界《うせかい》 名曰極楽《みょうわつごくらく》 其土有佛《ごどうぶつ》 號阿弥陀《ごうあみだ》 今現在説法《こんげんざいせっぽう》

と述べられてあります。読んで字のままです。

これより西の方十万億仏土過ぎたところに世界があります。名付けて極楽といいます。その極楽にほとけがおられて阿弥陀と呼ばれます。今はお説教の最中です。

旧字体があったりして少し戸惑うこともありますが、日常の新聞などに使われている文字も多く見受けることができます。

このように、極楽は「西方十万億佛土行ったところにある」と明記されているので、数学者の柳谷 晃さんは『阿弥陀経』にたびたび出てくる三千大千世界を基本として計算されました。

仏教においては、一人の仏が教化する世界が三千大千世界としています。仏教の世界観での宇宙の単位であり、世界は無数の三千大千世界からなると考えられています。仏教ではさらに、須弥山を中心に太陽、月、四大州、六欲天、梵天などを含む世界を一世界とし、柳谷さんはこの一世界を太陽系になぞらえられ、基本の距離単位とされました。

一世界が一〇〇〇個集まったものを小千世界といい、小千世界が一〇〇〇個集まったものを中千世界といい、中千世界が一〇〇〇個集まったものを大千世界といいます。大千世界は三千大千世界ともいうのです。

こうして計算すると、一〇の一九乗光年西に向かった先に極楽があるというのが答えです（柳谷 晃著『冥土の旅はなぜ四十九日なのか』青春出版社刊 参照）。

あくまでも経典を基本とした数字の世界のことですが、一〇の一九乗光年というのは一〇〇〇京光年という想像を絶する距離です。しかし、無限であるとか、不可能であるとかの答えではなく、具体的な数字で表わされたことで、疑問を抱きながらも、「ひょっとすると」という思いに駆られました。親鸞聖人は、「いのち終えると同時に、このとてつもなく遠い極楽にほとけとして生まれさせていただいたわたしは、この距離を瞬時に移動して現世まで帰ってきて、こんどは縁ある人にほとけとしての働きをする」と説かれます。環相回向《げんそうえこう》です。

また続いて、

彼《ひ》土《ど》何《が》故《こ》名《みょう》為《い》極楽《ごくらく》　其《ご》國《こく》衆生《しゅじょう》　無《む》有《う》衆《しゅ》苦《く》　但《たん》受《じゅ》諸《しょ》楽《らく》　故《こ》名《みょう》極楽《ごくらく》

かの土をなんがゆゑぞ名づけて極楽とする。その国の衆生、もろもろの苦あることなく、ただもろもろの楽を受く。ゆえに極楽と名づく。

極楽とは、苦がない世界のことです。その極楽のようすの一部は、

池《ち》中《ちゅう》蓮華《れんげ》　大《だい》如《にょ》車輪《しゃりん》　青色青光《しょうしきしょうこう》　黄色黄光《おうしきおうこう》　赤色赤光《しゃくしきしゃっこう》　白色白光《びゃくしきびゃっこう》　微妙香潔《みみょうこうけつ》

と表わされます。

大意は、「池の中には、青い色は青く光り、黄色は黄色く光り、赤は赤く光り、白は白く光る大きな車輪のような蓮の花が咲き、妙なる香りを漂わせています」と示されています。

それぞれはそれぞれの存在を主張し、なにものにも邪魔されることはありません。走るのが得意な人も、数学が得意な人も、絵を描くことが得意な人も、またその逆に不得手な人であっても、「みんなバラバラで違いがあっても、人としては一緒ですよ」というほとけの立場に立った平等

世界の現れを表現しています。

山を削り、谷を埋めて平らにした平等とは違います。山は山のままで、谷は谷のままでいいのです。徒競走で、みんなが一列に並んでゴールのテープを切ることが平等ではないのです。

お経は、読み下してみれば現在の暮らしのなかで使っている言葉が多く見られます。たとえば、「和顔愛語」、「小欲知足」、「上品」、「下品」などがあります。これらの言葉は、意味もそここ理解が届きます。しかし、こうした平易な文字ばかりではありません。意味はもとより、現代の国語教育の現状では読むこと自体が困難な文字もあります。そのような文字に実際に行き当たったときは、先人に教えを乞えばよいのです。そうしたことに躊躇するなら、辞書を繰れば答えはすぐにわかります。

いのちの数

なにはともあれ、一度読んでみれば、「お経ってこんな世界も描かれてあるんだ」と、目を見開かせられることが多々あります。たとえば、三つの根本経典の一つの『仏説阿弥陀経』の中段過ぎには、東西南北上下の世界が表わされています。そして、それぞれの世界にはガンジス河の砂粒ほどの数のほとけの存在を示されます。「恒《ごう》河《が》沙《しゃ》数《しゅ》諸《しょ》佛《ぶつ》」と。

東西南北上下とは誰を、どこを中心としての方向を示す言葉なのかはわかりません。しかし、宇宙空間の一点を中心に据えてしまうと、方向は意味がなくなってしまいます。中心の一点はやはり、わたしが今いる世界に置かなければなりません。

わたしを中心に東西南北上下を見渡し、ガンジス河の砂粒ほどの存在といえば、夜空に瞬く星々ではないでしょうか。地球が属する天の川銀河には、二〇〇〇億個前後の恒星があるといわれます。その恒星にはそれぞれに、太陽系と同じような惑星があると考えられます。天の川銀河だけでも星の数は数え切れないのです。

地球は、そういう数え切れない星の一つです。宇宙空間全体を見渡せば数十億、数千億の恒星の塊である銀河がまた数限りなくあるということです。

わたしのいのちのあり方も同じです。

わたしのいのちは、父親と母親それぞれから精子、卵子を貰い、その二つの細胞の出会いによって誕生を迎えます。一つの卵子と出会える精子は、多くの場合、五億個とも七億個ともいわれる数の精子のうちのたった一つです。

母親の胎内に宿るわたしの誕生そのものが、五億分の一とかの奇跡に近い確率なのです。炊きあがったお釜の中のごはんから、紛れ込んだもち米の一粒を探し当てるようなことです。しかも、わたしと同じ卵子との出会いの可能性があった数億ものいのちを押し退けるという、想像を絶する生存競争に勝ち残った結果でもあるのです。

こうして誕生を迎えたわたしは、偶然のような精子と卵子との出会いから、さまざまな変化を経て体型を形づくります。成人に達したわたしの体は、細胞分裂を繰り返した結果、三〇兆個とも六〇兆個ともいわれる細胞の塊になっているのです。

ともすれば、わたしのいのちはわたし一人のものだから、自分で好きなようにしてよいなどと思いがちです。でも、そうでしょうか。そもそも、お母さんのお腹に宿ったときのわたしは、何億というわたしと同じ可能性のあったいのちを押し退けているのです。さらにそのあとも、それぞれの細胞がそれぞれの働きでわたしの体を形づくり、支え続けてくれているのです。

わたしのいのちは、わたし一人のものではないのです。三〇兆個という気の遠くなるほどの一つひとつの細胞が、わたしという一人の存在のいのちを支え続けているのです。

怪我をすることもあるでしょう。病気に罹ることもあるでしょう。しかし、それらの怪我や病気が薬や時間経過で癒えたとしても、いや癒えることがなくとも、三〇兆個の一つひとつの細胞は、自らの働きが自然に終わるときを迎えるまで、懸命にわたし一人のいのちのために、生きるためだけに、働き続けているのです。

三〇兆個の細胞もいずれ、その働きを終えるときを迎えます。否も応もありません、そのときはわたしのいのちも終えるときなのです。

自分のいのちのあり方に権利という言葉をかぶせることは、ふさわしくはありません。生きる権利も、ましてや死ぬ権利などというものは、いのちに対する冒涜そのものです。生かされているいのちなのです。どのような理由があろうと、他人から断たれることはもちろん、自らが自らのいのちを断つことも許されることではありません。

ましてや、平和のためとか、国家のためとかいう甘言のもとの戦争という殺人行為は、他人のいのちを暴力的に奪うことです。わたし自身のいのちを暴力的に奪われることでもあります。このような理不尽ないのちの遣り取りは、いかなる理由があろうと、いのちを授かった者として、なんとしても許してはならないことです。宗教者は、先頭に立って、身を挺して戦争反対を説き続けなければならないのです。

勅命と軍隊

明治以降の仏教界においては、多くの僧侶が反戦どころか積極的な戦争協力者であったことは、まぎれもない事実です。僧侶が出征兵士の壮行に檄を飛ばしたり、教団が戦闘機を寄贈したりもしていました。

仏教徒が国の戦争に協力する姿勢を示していたのは、すくなくとも一九四〇年代以前の兵士の多くは、当時の日本の人口の大半を占めていた浄土真宗門信徒であったことに起因していたと見受けられます。

というのも、説教において、「阿弥陀さまの言葉に間違いはありません」とか、「絶対真実です」とか、「逆らうことのできないことです」などという意味で、親鸞聖人の言葉「勅命」を用いて話をされていたことが理由の一つとして挙げられます。たとえば『教行信証』の〈行文類〉に、

帰命《きみょう》は本願召喚《ほんがんしょうがん》の勅命《ちょくめい》なり

すなわち、衆生に帰せよと命じる如来の呼び声と訳されてあります。また尊号真像銘文にも同じく、

帰命と申すは如来の勅命にしたがふこころなり

と述べておられます。

勅命というのは、天皇の命令という意味でもあります。しかし、親鸞聖人は、阿弥陀さまの言葉としてこの勅命という言葉を用いられたのです。

ところが軍隊においては、「上官の命令は天皇陛下の命令、すなわち勅命である」として使われました。真宗門徒の兵士はもとより、彼らの家族も、折に触れて聞かされていた言葉ですから、勅命という言葉を抵抗感も不安も疑問もなく受け入れられたのだと考えられます。

こうした要素も遠因となって、反戦や厭戦《えんせん》といった意識を兵士一人ひとりが遠ざけてしまう結

果をもたらしたのだと見ることができます。

三〇兆個のいのち

苦しいとき、誰にも話したくない心もちになったとき、俯《うつむ》いたまま自分の足の指先を見るしかないときには、そこにわたしの思いとはまったく関わりなく、数え切れない細胞がこのわたしのいのちを支え続けているのだということに、思いを寄せてみてください。

また仰向《あおむ》いたときにほほを伝わる涙の一滴は、ほんの今までわたしを支えてくれていた細胞の一つひとつであったのだということに思いを巡らしてみてください。

始まりがいつなのかわからないような時代に誕生した最初のいのちが、何億年もの時間をかけてわたしにまで伝わってきた事実に目を向けてみてください。

このいのちの繋がりは、その出発点からわたしにたどり着くまで、途中で切れたことが一度もない繋がりであったことに気づかされます。

いのちは、始まりのわからない、数えることもできない長い鎖の輪であり、その一つひとつの繋がりの結果として存在するのです。しかも、その繋がりはわたしの願いとか望みとかを超えた、無限のいのちの繋がりの結果なのです。

わたしのいのちは、わたし一人の裁量で左右できるものではありません。そのようなことが許されるような存在でもありません。しかも、一人の人間としてのわたしは、三〇兆個のいのちの一個一個に支えられているのです。わたしは一人ぼっちではありません。生きているわたしではなく、生かされているわたしなのです。

『仏説観無量寿経』

「HERUKA」

『仏説観無量寿経』（『観経』）は、読み始めるとドラマの台本かと見間違います。

その時《とき》、王舎大城《おうしゃだいじょう》にひとりの太子あり、阿闍世《あじゃせ》と名づく

と、主人公の紹介から始まります。

王舎城の悲劇

悪友《あくう》の教《おし》えに随順《ずいじゅん》して、父の王頻《おうびん》婆娑羅《ばしゃら》を収執《しゅうしゅう》し、幽閉《ゆうへい》して七重《しちじゅう》の室内《しつない》に置《お》き、もろもろの群臣《ぐんしん》を制《せい》して、ひとりもゆくことを得《え》ざらしむ

場面設定が整います。

父王の譲位まで待てない息子の王子阿闍世は、悪い友人の勧めのまま父王の殺害を企てて七重に囲まれた厳重な牢獄に閉じ込め、しかも一切の人の出入りを禁じます。餓死を企んだのです。

次いで、主人公の韋《い》提希《だいけ》、王子の母親の登場です。

大王《だいおう》を恭敬《くぎょう》し、澡浴《そうよく》清浄《しょうじょう》にして、酥蜜《そみつ》をもって麨《しょう》に和《わ》してもつてその身に塗り、もろもろの瓔珞《ようらく》のなかに蒲桃《ぶどう》の漿《しょう》を盛《い》れて、ひそかにもつて王にたてまつる。その時に大王、麨を食《じき》し漿を飲んで、水を求めて口を漱《すす》ぐ。（中略）かくのごときの時のあひだに三七日《さんしちにち》を経《へ》たり。王、麨蜜を食し法《ほう》を聞くことを得《う》るがゆゑに顔色《がんしき》和悦《わえつ》なり

我が子の父親に対する行いを見ながら母である韋提希は夫大王への敬いの気持ちから、洗い清めた身体に乳を混ぜた麦粉を塗り、頭の飾りなどに果物の汁を忍ばせて牢獄に通いました。そして、それらを口にした大王は入牢から三七、二十一日たっても顔色良く、元気でした。

時に阿闍世、守門《しゅもん》のものに問《と》はく、「父の王、いまになほ存在《ぞんざい》せりや」

ここで阿闍世は牢番から、母親の韋提希が父王のもとに通って、食べ物や飲み物を捧げていることを告げられます。そのことを聞いた阿闍世は、

わが母はこれ賊《ぞく》なり。賊と伴《とも》なればなり

と、怒りをあらわにします。

また大王のお釈迦さまへの願いに、

世尊《せそん》また、尊者《そんじゃ》富楼那《ふるな》を遣《つか》はして王《おう》のために法を説かしめたまふ

と、お釈迦さまが応えられたことに対して、

沙門《しゃもん》は悪人《あくにん》なり。幻惑《げんわく》の呪術をもつて、この悪王をして多日死《たにちし》せざらしむ

と、悪態をつきます。

さらに母に対する怒りは収まらず、

すなはち利剣《りけん》を執《と》りて、その母を害せんと欲す

と、怒りは頂点に達します。

このとき、傍に控えていた月光と耆婆《ぎば》の、「聡明《そうみょう》にして多智《たち》なり」な二人の家臣が、

> 〈劫初《こうしょ》よりこのかたもろもろの悪王《あくおう》ありて、国位《こくい》を貪《むさぼ》るがゆゑにその父を殺害《せつがい》せること一万八千なり〉と。いまだかつて無道《むどう》に母を害することあるを聞かず。王いまこの殺逆《せつぎゃく》の事《じ》をなさば、刹利《せつり》種《しゅ》を汚《けが》さん。臣《しん》聞くに忍《しの》びず。これ栴陀羅《せんだら》なり。よろしくここに住《じゅう》すべからず」と。時にふたりの大臣《だいじん》、この語《ご》を説きをはりて、手をもつて剣を按《おさ》へて却行《ぎゃくぎょう》して退《しりぞ》く

ドラマ「王舎城の悲劇」のクライマックスです。月光と耆婆両人の機転と説得によって、阿闍世は剣による母の殺害を思いとどまります。場面は続きます。

> 時に阿闍世、驚怖し惶懼《おうく》して耆婆に告《つ》げていはく、「なんぢわがためにせざるや」と。耆婆まうさく、「大王、つつしんで母を害することなかれ」と。王、この語を聞き、懺悔《ざんげ》して救《たす》けんことを求む。すなはち剣を捨て、止《とど》まりて母を害せず。内官《ないかん》に勅語《ちょくご》し深宮《じんぐ》に閉置《へいち》して、また出《いだ》さしめず

主君の行動の非道さに恐れることなく諭す二人の臣の言葉に耳を傾け、剣を捨てた阿闍世は、母も父と同じく牢に閉じ込めてしまいます。

この『観経』というお経は、お釈迦さまの直説とは捉えにくいものです。その理由の一例として、父王が獄中から救いを求める場面があります。

大王、（中略）口を漱《すす》ぎをはりて合掌恭敬し、耆闍崛山《ぎしゃくっせん》に向かひ、はるかに世尊を礼《らい》してこの言《ごん》をなさく、「大目犍連《だいもっけんれん》はこれわが親友《しんぬ》なり。願はくは慈悲を興《おこ》して、われに八戒《はっかい》を授けたまへ」と。時に目犍連、鷹・隼《はやぶさ》の飛ぶがごとくして、疾《と》く王の所に至る

ここに描かれているようすからは、お釈迦さまを第三者の立場において、主人公には置かれていません。お釈迦さま自身の言葉がないのです。お釈迦さまは、『大経』では阿難の問いかけに自らの言葉で答えておられます。また『小経』では、自らが舎利弗に語りかけておられます。これら二経と違って、なぜか『観経』の王舎城の悲劇部分はお釈迦さま自身の言葉がないとわかるにもかかわらず、この部分を省くことなく「浄土三部経」の一つとして扱われています。目犍連は釈迦の十大弟子の一人で、神通力に優れた僧として知られていました。

親鸞聖人は、その主著である『教行信証』の〈信文類〉の中で『涅槃経』から多くの部分を引用して、『観経』に記されていない王舎城の悲劇部分を詳述しておられます。

父王の獄中での最後のようすも、

遮《さえぎ》りて大王の衣服《えぶく》・臥具《がぐ》・飲食《おんじき》・湯薬《とうやく》を断つ。七日《なぬか》を過ぎをはるに、王の命すなはち終《おわ》りぬと。善見太子《ぜんけんたいし》（阿闍世）、父の葬《そう》を見をはりて、まさに悔心《げしん》を生《しょう》ず

と、述べられます。

さらに阿闍世誕生についても、

提婆達《だいばだつ》のいはく、なんぢいまだ生れざりし時、一切の相師《そうし》みなこの言《ごん》をなさく、「この児《こ》生れをはりて、まさにその父を殺すべし」と。（中略）毘提《びだい》夫人《ぶにん》（韋提希）この語を聞きをはりて、すでになんぢを生まんとして身を高楼《こうろう》の上よりこれを地に棄てしに、なんぢが一つの指《ゆび》を壊《やぶ》れり

と、秘話を披露します。

人間の業

『観経』での王舎城の悲劇は、二五〇〇年前の寓話としてではなく、人間の行いが因果からは逃れられないという具体的な例示として扱われています。しかも、親を殺めるという五逆《ごぎゃく》を犯した阿闍世の行いを、あからさまに扱っています。こうした免れることのできない人間の業、悪とはなにかを、正面から扱っているのが『観経』の王舎城の悲劇です。

現代において親を殺める事件が起こると、教育の不備だとか道徳の退廃だとかが、すぐに論ぜられます。あわせて、時代の危機感という言葉がさも当を得たかの如くに論ぜられます。しかし、二千数百年前から人間の行いとして、子どもによる親殺しが現実としてあったことが描かれているのが『観経』の世界です。人が生きるうえで拭い去ることのできない、深い闇の部分を突きつ

けているのです。

親鸞聖人は、『観経』が表わしている世界は、

無量寿経（下）にのたまはく、往生《おうじょう》を願《がん》ぜんもの、みな往生を得《え》しむ。ただ五逆と誹謗正法《ひほうしょうぼう》とを除く

五逆の罪の数え方には異説ありますが、代表的なものは、母を殺す、父を殺す、悟りを開いた聖者（阿羅漢）を殺す、仏の身体を傷つけて出血させる、仏教教団を破壊し分裂させるという五つの罪です。「誹謗正法」は、仏教の正しい教え（正法）を軽んじる言動や誹謗する行為を指します。すなわち、五逆と誹謗正法との二種の重罪を犯した者に往生を得ることは難しいとします。

しかし、『観経』は続いて、

五逆の往生を明《あ》かして謗法《ほうぼう》を説かず

としています。「阿闍世の犯した両親を殺めるという、五逆を犯した者の往生は説いているが、正法を誹謗した者の往生については説いていない」と述べられています。宗教と道徳とが明らかに違うことの鮮烈な例示です。

人間の性として、親を殺めることは決して許されることではありませんが、王舎城の悲劇以前にもインド各地の王国において、王子による父王の殺害に一万八〇〇〇もの事実があったといわれています。当時の人には、驚くほど稀なことではなかったのです。

当時の王国においては、父王を息子が殺めることの罪の意識は、現代のわたしが受け取るほど深いものではなかったようすが窺われます。ただ、母親を殺害することは過去にも例を見ないことで、どんな理由があろうとも許されることではないと諫められます。

父親は、息子にとっては権力、腕力、統率力他、あらゆる力の象徴であり、成人に達するまでの過程で最初に立ちはだかる社会の壁でもあります。父親のこの力に打ち勝ち、壁を打ち破ることが、息子にとっては親の庇護という権力の殻から抜け出し、独立した一個の人間として社会に飛び出す第一歩なのです。

一方の、母親は子どもの側から、とくに息子にとっては力を誇示して立ち向かう存在ではありません。ましてや、目の前を塞いで立っていて、越えなければならない社会の壁ではなく、むしろそのような社会の壁から守ってくれる存在です。

阿闍世の父親に対する行動は、母の韋提希だけは理解し、守ってくれるはずでした。まさかその母が父王の立場に立ち、息子をないがしろにする行動をとるとは思いもよらないことでした。

その母を怒りていはく、「わが母はこれ賊なり」

と叫び、さらに、

すなはち利剣を執《と》りて、その母を害せんと欲す

と、凶行に及ぼうとします。父王は獄に閉じ込めて死を待ちますが、母は剣で殺めるという激しい行動をとろうとします。それほど王子にとって、母の行いが自分の心を理解しない裏切りとして、許せなかったのです。

賢明な家臣に諌められて、その場での凶行は思いとどまります。しかし結果としては、

> **耆婆まうさく、「大王、つつしんで母を害することなかれ」と。王、この語を聞き、懺悔して救けんことを求む。すなはち剣を捨て、止まりて母を害せず。内官に勅語し、深宮に閉置して、また出さしめず**

と、母も父王と同じように牢に閉じ込めてしまいます。

いずれにしても、五逆の罪を犯したことに間違いはありません。しかし、獄中の父の王、頻婆娑羅は、獄窓から世尊に法を説いてもらうよう語りかけます。また殺害を家臣の諌めによって免れたとはいえ、母の韋 提希も父王と同じ獄に囚われ、その獄中から世尊に語りかけます。我が身のありさまを嘆き、法を求めるのです。

父を殺す、母を殺す、僧侶を殺す、ほとけを傷つけ血を流す、信者の集まりを乱す、の五つの行いが五逆です。これは意識・無意識を問わず、いつなのか、どこでなのかも問いません。仏法を聞き、仏法を拠り所としている者ばかりでなく、生きとし生けるものにとって、いずれの一つの行いも許される行為ではないのです。しかし、『観経』に表わされている出来事は、その縁に会えばだれといわず、どこでといわず、いついかなる理由をも問うことなく犯してしまう、人間

の免れることのできない行いでもあることを、赤裸々に描いた世界です。

どうしようもない「縁」

こうした縁に出会うことによって犯してしまう人間の逃れられない行動について、親鸞聖人は『歎異抄』で、

なにごともこころにまかせたることならば、往生のために千人ころせといはんに、すなはちころすべし。しかれども、一人《いちにん》にてもかなひぬべき業縁《ごうえん》なきによりて害せざるなり。わがこころのよくてころさぬにはあらず。また害せじとおもふとも、百人・千人をころすこともあるべし

「縁に会うとは、自分のこころの善し悪しとはかけ離れたことで、殺したいと思っても一人も殺すことができず、殺したくないと思っても百人も千人も殺してしまう自分がいる、こうした行動をとるのはそこで関わった縁によることです」という有名な逸話を残しておられます。

しかし仏説、すなわち正法を誹謗することは、どのような縁があろうとなかろうと、だれであろうとどこであろうと、犯してはならない、許されることのない大罪です。

わたしのすべてを任せ、生きていることの拠り所とするのが正法です。誹謗することのできる

ような法は、そもそも正法ではないのです。

聖人は述べられます。

なんぢただ五逆罪の重たることを知りて、五逆罪の正法なきより生ずることを知らず。このゆゑに謗正法《ほうしょうぼう》の人はその罪最重《さいじゅう》なり

獄中にあって、韋提希は苦しみを受けるいわれを尋ね、その苦しみからの解放を世尊に訴えます。

時に韋提希、仏世尊《ぶっせそん》を見たてまつりて、みづから瓔珞《ようらく》を絶ち、身を挙げて地《ち》に投げ、号泣して仏に向かひてまうさく、「世尊、われ宿《むかし》、なんの罪ありてか、この悪子《あくし》を生ずる。世尊また、なんらの因縁ましましてか、提婆達多《だいばだった》とともに眷属《けんぞく》たる。やや、願はくは世尊、わがために広く憂悩《うのう》なき処を説きたまへ。われまさに往生すべし。（中略）いま世尊に向かひて、五体を地に投げ、哀《あわ》れみを求めて懺悔す

ここで世尊は、韋提希に答えられます。

われいまなんぢがために広くもろもろの譬《たと》へを説き、また未来世《みらいせ》の一切凡夫《いっさいぼんぶ》の、浄業《じょうごう》を修《しゅう》せんと欲《おも》はんものをして西方極楽国土《さいほうごくらくこくど》に生ずることを得《え》しめん

観経における王舎城の悲劇の場面は、ここでほぼ終わります。お釈迦さまの働きの入り口部分だけです。全体から見れば四分の一ほどです。そして、「もろもろの譬え」へと進んでいきます。

『教行信証』〈信文類〉において親鸞聖人は、『観経』をテーマとされています。しかし、その多くの部分は王舎城の悲劇の裏話、たとえば提婆達多による阿闍世誕生の秘話であったり、王位を継ぐことを目的として父王を殺す多くの実例であったり、また母の韋提希も獄中の人となったのちの父王のようすを、

衣服・臥具・飲食・湯薬を断つ。七日を過ぎをはるに、王の命すなはち終りぬと

などと、経文としての『観経』では語られなかったことが述べられています。他の多くは、五逆と誹謗正法の意味あいに費やされます。

正法を誹謗することなく伝え続けることがいかに大切で、いかに大変なことであるかを親鸞聖人は、

如来大悲の恩徳《おんどく》は身を粉《こ》にしても報《ほう》ずべし、師《し》主《しゅ》知識の恩徳も　ほねを砕きても謝《しゃ》すべし

と、『正像末和讃』の最後で示されています。その正法を興していただいたご恩には、身を粉にして報じなければなりません。正法を間違うことなく伝えてくれた先師には、骨を砕くほどのお礼をしなければなりません、と詠われたのです。

『観経』に示されるいま一つの世界は、寺院の本堂や家庭の仏壇の飾りが、本尊を中心に向かって右を先として、左を次にする形を具体的に表現されていることです。この『観経』に阿弥陀さまと観音菩薩、勢至菩薩の位置関係が描かれてあり、それに本堂やお仏壇が倣《なら》っているからです。

無量寿仏《むりょうじゅぶつ》、空中《くうちゅう》に住立《じゅうりゅう》したまふ。観世音《かんぜおん》・大勢至《だいせいし》、この二大士《にだいじ》は左右に住立したまふ。

阿弥陀さまの側に立てば、左に観世音菩薩、右に大勢至菩薩が並ばれます。あるいは、

目連《もくれん》は左に侍《はべ》り、阿難《あなん》は右にあり

と示されます。しかし、この位置関係は、わたしの側から見たときは左右が逆になります。西本願寺の本堂（阿弥陀堂）では、参拝する側から見て右側に観音菩薩の化身《けしん》と見なされる聖徳太子の絵像が掛けられ、左側に勢至菩薩の化身と見なされる源空（法然）上人の絵像が掛けられてあります。

また家庭の仏壇では、向かって右側に親鸞聖人を、左側に蓮如上人のそれぞれの絵姿をお飾りします。

お経にそのように示されてあるからといって、わたしたちが本堂や仏壇の中の本尊をはじめとして、多くの飾り類などの位置関係を語るのに、お経のとおり本尊の立ち場から位置関係を示したのでは、お給仕をする立場であったり、阿弥陀さまの働きを戴いている立場をないがしろにすることになります。「向かって」としての位置関係の示し方のほうが、より妥当です。本尊に対しての敬いの姿なのです。

『観経』は続いて、阿弥陀さまのお姿や顔つきや佇まいを具体的に思い浮かべる方法を、瞑想法のひとつの「日想観」から「雑想観」までの一三通りに述べています。さらに、浄土に生まれ

ることを願う者に、上品上生《じょうぼんじょうしょう》、中生《ちゅうしょう》、下生《げしょう》。中品上生、中生、下生。下品上生、中生、下生と、九つの道筋を含めて一六通りの働きを示されます。

親鸞聖人がとくに勧められる念仏は、第一六観の下品下生に顕著に表わされています。

> 下品下生《げぼんげしょう》といふは、あるいは衆生《しゅじょう》ありて、不善業たる五逆・十悪を作り、もろもろの不善《ふぜん》を具《ぐ》せん。（中略）この人、苦に逼《せ》められて念仏するに遑《いとま》あらず。善友《ぜんぬ》、告げていはく、「なんぢもし念ずるあたはずは、まさに無量寿仏〔の名（みな）〕を称すべし」と。かくのごとく心を至《いた》して、声をして絶《た》えざらしめて、十念《じゅうねん》を具足《ぐそく》して南無阿弥陀仏と称せしむ。仏名《ぶつみょう》を称するがゆゑに、念々《ねんねん》のなかにおいて八十億劫《おくこう》の生死《しょうじ》の罪を除く

「苦から解放される」、「真理に目覚める」、「浄土に往って生まれる」を実現しようと努力しても、自分の力だけではどうにもならないのです。わたしに残されているのは、凡夫であることの自覚であり、生きている今においては地獄だけが自分の居場所と心得て、南無阿弥陀仏と声に出して唱えることだけです。「念仏だけが往生の機縁である」と、ここには示されてあります。

『観経』は、手は直接かけないけれど、父親と母親の殺害という人間のもっとも見られたくない一面を、しかし誰もが犯す可能性を秘めている本性の一面を、正面から扱った話を題材としたお経です。

このお経がなぜ『仏説観無量寿経』と名づけられたかについての記述もあります。

世尊、まさにいかんがこの経《きょう》を名づくべき

と、阿難がお釈迦さまに尋ねます。阿難も、釈迦の十大弟子の一人で釈迦の侍者として常に説法を聴いていたことから多聞《たもん》第一と称せられた尊者です。

この経をば『極楽国土・無量寿仏・観世音菩薩・大勢至菩薩を観《かん》ず』と名づく

と、お釈迦さまは内容と題名について簡潔に答えられます。

お経というと、難しい漢字がたくさんあって、とっつきにくい印象ですが、これまで紹介してきたとおり、『観経』の内容は人間ドラマそのものです。読めそうな文字を追っかけるだけで、おぼろげながら大まかな意味にたどり着くことができます。

親鸞聖人が『観経』に見られたのは、大罪である五逆を犯すほどの悪人であっても、正法を誹謗しないかぎりにおいて阿弥陀さまの慈悲の手から漏れることはない、というテーマです。

人の生業のひと時ひと時は、自分では意識することのない、逃れることのできない縁によって結ばれています。その縁の多くは、わたしの働きや願いによって結ばれることは、ほとんどありません。わたしの預かり知らないところで結ばれ、動かされるのです。今の自分の居場所を眺めてみれば明らかなことです。恋人や仕事関係で縁ある一人ひとりは、わたしの意識しないあいだに、わたしの周りを囲んでくれているのです。

『歎異抄』には、

なにごともこころにまかせたることならば、往生のために千人ころせといはんに、すなはちころすべし。しかれども、一人にてもかなひぬべき業縁なきによりて、害《がい》せざるなり。わがこころのよくてころさぬにはあらず。また害せじとおもふとも、百人・千人をころすこともあるべし

と、自分の思いでは図ることのできない、縁の何物にも勝る強い働きのようすが語られています。聖人にとっては、『観経』全体の四分の一ほどの「王舎城の悲劇」の部分を、『教行信証』〈信文類〉のテーマとして扱わざるを得なかったのは、五逆を犯さざるを得ない、醜くそして弱い人間の避けられない一面を正面から取り扱うことによって、縁によって人はどのような立場にでもなってしまうことを示されようとしたからです。そして、たとえ五逆の罪を犯した者であっても、正法を誹謗しないかぎりは阿弥陀さまの救いの手は差し伸べられていることを示しておられるのです。

縁とは、宗教と道徳とは決定的に別の世界であることの示しでもあります。

かつてオウム真理教が跋扈《ばっこ》し、現代の生活感覚では理解の及ばない凶行に及んだとき、その首謀者であった麻原彰晃（本名・松本智津夫）に阿弥陀さまの慈悲の手が及ぶのか否かが問われたことがありました。

結論からいえば、麻原彰晃には阿弥陀さまの手は届きません。阿弥陀さまの働きを信じ、念仏

を口にすることはなかっただろうし、彼の行動は五逆はもとより、正法そのものを誹謗しているからです。ブラックホールの影響の及ぶ限界である、「事象の地平線」の遥か外側、磁石の及ぶ範囲から途轍もなくかけ離れた場所に、彼は位置していたのです。それに、念仏のご縁の中にいれば、麻原彰晃ばかりでなく、オウム真理教そのものが存在しなかったはずです。

親鸞聖人を、違法の輩《やから》として、許せないので殺《あや》めようと謀《はか》った板敷山《いたじきやま》（現在の茨城県に所在）の修験道者がいました。しかし、その修験道者弁円は、聖人と出会ったことで、逆に念仏の教えに帰依したという奇跡のような言い伝えが今日まで残っています。弁円は、念仏の縁に出会うことができたのです。弁円は意識していないまま、念仏という磁石の働きの範囲に取り込まれていたのです。

親鸞聖人は『教行信証』の〈行文類〉末尾の「正信偈」において、源信僧都の讃嘆で、

極重《ごくじゅう》の悪人はただ仏《ぶつ》を称すべし。われまたかの摂取《せっしゅ》のなかにあれども、煩悩《ぼんのう》、眼《まなこ》を障《さ》へて見たてまつらずといへども、大悲《だいひ》、倦《ものう》きことなくしてつねにわれを照らしたまふといへり

「極めつきの悪人であっても、ただ念仏を口にすれば自ずと阿弥陀さまの、誰にでも、いつでも、どこでも、遮《さえぎ》られることのないお慈悲の働きの中に抱かれているのです」と、示しておられます。

原文は、

極重悪人唯称仏《ごくじゅうあくにんゆいしょうぶつ》

我亦在彼摂取中《がやくざいひせっしゅちゅう》
煩悩鄣眼雖不見《ぼんのうしょうげんすいふけん》
大悲無倦常照我《だいひむけんじょうしょうが》

極重悪人が念仏の道を歩む具体的な例として、歌舞伎の『一谷嫩軍記《いちのたにふたばぐんき》』に熊谷次郎直実《なおざね》を扱った「熊谷陣屋」があります。平家の大将平敦盛と戦い、敦盛の首を打ち取った源義経配下の熊谷次郎直実は、敦盛が一六歳の青年であったと知り苛《さいな》まれます。苦悩の末、義経の首検分に際して、敦盛と同年である我が子の首を差し出します。その場に、実際の敦盛を知る者がいなかったからです。敦盛の首は葛籠《つづら》に隠して、平家と縁ある者に渡します。

直実は、戦《いくさ》のためとはいえ敦盛を殺め、さらに我が子までも殺めてしまった自らの行いに苦しみます。敵方の大将の首を打ち取ったことは、武士としては誉の行いであったとしても、人として、親としては文字どおりの極重悪人だったのです。直実は将来を約束された武士の立場を捨て、髷《まげ》を落とし僧形となって法力房蓮生《ほうりきぼうれんせい》と名を改め、法然上人の下に身を寄せます。念仏に身を委ねたのです。

こうした物語が歌舞伎として演じ続けられているのは、念仏の教えが特別なものではなく広くに伝わっているからです。生活者に認められ、男女貴賤を問わず抵抗なく受け入れられていることの証しなのです。

『仏説無量寿経』

「名称不詳」

『仏説無量寿経』（大経）、『仏説観無量寿経』（観経）、『仏説阿弥陀経』（小経）の「浄土三部経」のすべてに共通しているのは、その書き出し部分にお釈迦さまの説法を聴く人の数が述べられていることです。

『大経』では「大比丘《だいびく》の衆、一万二千人と倶《とも》なりき」と示され、『観経』では「大比丘の衆、千二百五十人と倶《とも》なりき。菩薩三万二千ありき」と示され、『小経』には「大比丘の衆、千二百五十人と倶なりき」と示されます。説法をされる場所は、『大経』と『観経』には「王舎城《おうしゃじょう》耆闍崛山《ぎしゃくっせん》のうち」、小経では「舎衛国《しゅえいこく》の祇樹給孤《ぎじゅつぎっこ》独園《どくおん》にましまして」と示されます。

『大経』と『観経』とでは、場所は同じですが、聞く人の数に一〇倍の差があります。『観経』と『小経』とでは、聞く人の数は同じですが場所が違います。いずれにしても、一堂に会した一万二〇〇〇人、一二五〇人という人たちに話されています。マイクもスピーカーもない時代に、お釈迦さまのお話はそれだけ多くの人すべてに、どのように正確に伝わったでしょうか。お釈迦さまは、よほどの大声の、そしてよく通る声の持ち主でおられたということです。

その証しとして、『大経』上巻の「重誓偈」には、「法を説き獅子吼《く》せん」と表わし、ライオンが吠えるような話しぶりであったと伝えます。『讃仏偈』も、「正覚《しょうがく》の大音《だいおん》、響き十方《じっぽう》に流る」と伝えます。いずれにしても、一万二〇〇〇人であろうと一二五〇人であろうと、お釈迦さまの話を等しく聞くことができたということです。

しかし、そのようにして耳にした言葉をいつまでも覚えておくことは、いかに大切なお言葉であったとしても困難です。そうした心配があればこそ、そこに集《つど》ってお釈迦さまの言葉を聞いた人たちのそれぞれがどのように聞いたか、そのお話の内容を確認するために、思い出してまとめられたのが、今日伝わっている八万四〇〇〇もの大部なお経です。

八万四〇〇〇通りものお話をお釈迦さまがされたという言い伝えが残っているということは、お話しされた相手の人に応じて話の内容を変えた対機説法をされたということです。応病与薬《おうびょうよやく》ともいいます。医者が腹痛の人には腹痛に効く薬を、頭痛の人には頭痛が治まる薬をそれぞれ処置して与えられるのと同じです。

お坊さんが、折りに触れて門信徒の前で読経を勤めるのは、こうして伝わっているお釈迦さまのお話の姿に倣《なら》っている表われでもあります。

こうしたお釈迦さまの姿を認識したうえでの読経であるならば、たとえマイクとスピーカーが完備されていなくても、目の前でお経の縁に会う人が一人でも、一万人を超していたとしても、お坊さんはすべての人に聞こえるように、声をかぎりにお勤めしなければなりません。そのための準備も、ふだんから怠ることなく備えておかねばなりません。

お坊さんになろうとしている人に、またお坊さんになった人に課せられている基本的な、そして大切な勤めは、その場のすべての人に届く声を出す読経に努めることです。

お釈迦さまはライオンの吠え声の如くに、また十方に隙間なく届くように説法されたのです。

ほとけさまと光

さて、こうして語られたお経ですが、二五〇〇年前のお釈迦さまの言葉には、現代の科学と共通する認識があることに驚かされます。その代表的な例が、光に対する認識です。

『大経』四十八願の「第十二願」には、

たとひわれ仏《ぶつ》をえたらんに、光明《こうみょう》よく限量《げんりょう》ありて、下百千億《しもひゃくせんおく》那由他《なゆた》の諸仏の国を照らさざるに至らば、正覚をとらじ

と述べられ、さらに『大経』で続けて、

無量寿仏《むりょうじゅぶつ》の威神《いじん》光明は、最尊《さいそん》第一なり。諸仏の光明、及ぶことあたはざるところなり。（中略）すなはち東方《とうぼう》恒沙《ごうじゃ》の仏刹《ぶっせつ》を照らす。南西北方《なんざいほっぽう》・四維《しゆい》・上下《じょうげ》も、またかくのごとし。あるいは仏光《ぶっこう》ありて七尺《しちしゃく》を照らし、あるいは一由旬《いちゆじゅん》、二・三・四・五由旬を照らす。かくのごとくうたた倍《ばい》して、乃至《ないし》一仏《いちぶつ》刹土《せつど》を照らす

と、無量寿仏の働きを光に託して、他に類を見ない第一と示されます。そして、その及ぶ範囲を、計ることのない、片寄ることのない、遮ることのないなど、阿弥陀仏の徳を十二種類の光に

表わして称えています。

無量光仏《むりょうこう》（その光明が永遠にわたって輝き、果てしのない恵み）に始まり、無辺光仏《むへんこう》（時間、空間などの限界がない）・無礙光仏《むげこう》（なにものにも遮られない）・無対光仏《むたいこう》（ほかに比類のない光明）……不断光仏《ふだんこう》（絶えることなく衆生を照らし導く）・難思光仏《なんじこう》（誰も思い量ることができない阿弥陀仏の智慧の輝き）・無称光仏《むしょうこう》（現象的なあり方を離れていて、なんとも呼ぶことができない光）と続き、十二番目に日常生活の感覚としても、実感としてもわかりやすい、太陽と月の光を超えた存在、超日月光仏《ちょうにちがっこう》（日月の光よりはるかに勝れた智慧の光明）と示されます。

光はそもそも、波と粒子という二つの矛盾する性質をあわせもつ不思議な存在です。地球が位置している空間は、宇宙の一点、天の川銀河の端に近い太陽系の一部です。天の川銀河には、太陽と同じように自ら光る二〇〇〇億個ともいわれる恒星が散らばっていることがわかっています。そういう一つひとつが、地球からは夜空の星として瞬《またた》いて見えます。

太陽の光は、地球一点だけを対象に照らしているのではありません。その光は宇宙全体に等しく注がれています。太陽に面した特定の地域だけに光が注がれることはありえません。太陽の光は、地球から見ての太陽の反対側はもちろんのこと、太陽を中心とする全方向に無限に拡がるよう光を発しているのです。

しかし不思議です。わたしに向かって輝く数限りない星は、わたし以外のあらゆる方向にも等しく瞬いているのです。ところが、夜空の諸々の星は、わたしに向かってだけ瞬いているように見えます。

夜空の星々のすべてが、わたしも含めてあらゆる方向に光を発しているのなら、夜空全体が光り輝いていなければならないはずです。しかし、点として輝く星以外の実際の夜空は漆黒の空間です。この漆黒の空間が光を吸い取ってしまうから漆黒であるのなら、その漆黒の空間を突き破って届く星々の瞬きは、どのようにして届いているのでしょう。光の不思議です。

反射するものがあって初めて、光の存在は認めることができます。わたしが光を光と知ることができるのは、わたしの網膜に反射するからです。夜空の星が見えるのは、わたしの目に星として映っているからです。

反射のない空間では光そのものを認識することは不可能です。わたしにも、光そのものを見ることはできないのです。夜空が漆黒なのは、光を反射するものがないからです。

阿弥陀さまの働きも、光そのものです。手に取ることも、匂いを感じることも、音を聞くこともありません。しかし、わたしが光を受け止める網膜であったならば、素通りしてしまう阿弥陀さまの光を受け止めることができます。

一個の星の光は、途中に遮る星があったとしても、遮るその星の重力によって光は曲げられて進む方向が変わったとしても、光そのものはわたしにまで届けられます。

お釈迦さまが説かれた十二種類の光という喩えは、現代の科学が解き明かしている夜空の星の光の働きそのものです。阿弥陀さまの働きを星の光と捉えるなら、何十億光年かかっても途中で消えることなく漆黒の空間を突き抜けて、必ずわたしに届いているということです。

星は星として光っているだけで、わたしの願いや頼みなどを受けて光っているわけではありません。わたしの存在の有無とはまったく関係がないのです。見上げた夜空のそこに星が瞬いているのです。

阿弥陀さまの働きそのものです。

お釈迦様の願いと「四十八願」

「LOKESHOWER」

『大経』の次のテーマは、「四十八願」です。

お釈迦さまが悟りを開かれる前、まだ法蔵菩薩でおられたとき、「この願いの一つでも叶えられなければ悟りを開きません」と立てられたのが四十八の願いです。

余談ですが、わたしに今、「すべて叶えてあげるから、願いを四八挙げなさい」といわれたとしても、四八もの願いはなかなか思いつきません。人間の欲望には限りがないといいますが、それは人生の長い時間の経過を通して、異なった欲望が生まれてくるからだ、ということです。ですから、望みを一度に、具体的に一つひとつ挙げてみなさいといわれると、ハタと困ってしまうのではないでしょうか。

四八という数字は、お釈迦さまが悟りを開かれて、その喜びを他人に伝える決心をされるまでの四十九日間の一日前、人に伝えるべきかどうかと苦悶を重ねられた日数と符合します。

地獄・餓鬼・畜生と黄金

四十八願の「第一願」は「無三悪趣《むさんまくしゅ》の願」です。

たとひわれ仏を得たらんに、国に地獄・餓鬼・畜生あらば、正覚《しょうがく》を取らじ

人がいのち終えたら巡るといわれている地獄・餓鬼・畜生・修羅・人間・天上の六道輪廻《ろくどうりんね》のう

ちの三つが、最初の願で否定されています。

続く「第二願」の「不更悪趣《ふきょうあくしゅ》の願」においては、

たとひわれ仏を得たらんに、国中《こくちゅう》の人天《にんでん》、寿《いのち》終りての後《のち》に、また三悪道に更《かえ》らば、正覚を取らじ

と述べられ、さらに『大経』では、

仏国土は、（略）地獄、餓鬼、畜生、諸難《じょなん》の趣《しゅ》なし

と重ねて六道輪廻の三道を否定しています。ここでの「諸難」は、苦しみの世界という意味です。『小経』でもこの「第一願」と「第二願」とが重なるようにして、

かの仏国土には三悪趣なければなり。舎利弗《しゃりほつ》、かの仏国土にはなほ三悪道の名すらなし

と示されます。お釈迦さまの教えには、明らかに輪廻の否定が主張されていると捉えることができます。

初七日、四十九日、七回忌などと、仏教では七という数字を扱うことが多いのは、六道を超えたところが悟りの世界であると説明することに依っています。しかし、六道輪廻が否定されると、この七の説明には矛盾が生じます。

かつてインドを旅行したとき、現地のガイドに七という数字の意味を尋ねますと、「それ以上はない数字」という答えが返ってきました。正否のほどはわかりませんが、「割り切れる偶数の

数字よりも割り切れない奇数の数字が重宝がられた」という謂《い》われとともに、なんとなく納得させられました。

『小経』では、極楽のようすを表わすのに、

極楽国土には七重《しちじゅう》の欄楯《らんじゅん》（装飾をほどこした垣）・七重の羅網《らもう》（宝珠をつらねた飾り網）・七重の行樹《ごうじゅ》（並木）あり

また、

七宝《しっぽう》の池《いけ》あり

と表現されています。これ以上は人知を超えた世界という意味が、七という数字には込められているのです。六道を超えるという意味ではないのです。

次に注目するのは、「第三願」の「悉皆金色《しっかいこんじき》の願」です。

家庭の仏壇、とくに西本願寺系統の仏壇に顕著なのが、これでもかというほどの金ぴかな仕様になっていることです。壁面はもとより、柱や種々の仏具類に至るまで金色《こんじき》です。

家庭の仏壇の基本は、それぞれの宗の本山の本堂に倣っています。西本願寺系の仏壇か、それとも他宗の仏壇かの見極めは、内部が金色かそうでないかで判断できます。西本願寺の阿弥陀堂と御影堂の内陣は、金色仕様になっています。家庭の仏壇もこの仕様に倣っているのです。

西本願寺の両堂の内陣や門信徒の仏壇の内部が金色仕様になっているのは、「第三願」の、

たとひわれ仏《ぶつ》を得たらんに、国中《こくちゅう》の人天《にんでん》、ことごとく真金色《しんこんじき》ならずは、正覚を取らじ

に準じているのです。

マルコ・ポーロが日本のことを「黄金の国ジャパン（ジパング）」と表現したのは、こうしたところに謂われがあったのではないでしょうか。

真実を顕すこと

親鸞聖人が『大経』をもっとも大切な経であると見ておられたことは、『教行信証』の〈教文類〉冒頭において、

それ真実の教《きょう》を顕《あらわ》さば、すなはち『大無量寿経』これなり

と示されてあることで明らかです。そして、その真実として示された具体的な根拠は、「第十八願」「至心信楽《ししんしんぎょう》の願」にあります。

たとひわれ仏を得たらんに、十方の衆生、至心信楽してわが国に生ぜんと欲《おも》ひて、乃至十念《ないしじゅうねん》せん。もし生ぜずは、正覚を取らじ。ただ五逆と誹謗正法《ひほうしょうぼう》とをば除く

この「第十八願」への聖人の思いは、同じく〈教文類〉に、

釈迦、世に出興《しゅっこう》して、道教を光闡《こうせん》して、群萌《ぐんもう》を拯《すく》ひ恵むに真実の利をもつてせんと欲《おぼ》すなり。

ここをもつて如来の本願を説きて経の宗致《しゅうち》とす、すなはち仏の名号《みょうごう》をもつて経の体《たい》とするなり

すなはち、わたしが口にする「なもあみだぶつ」、ほとけの呼び名がお釈迦さまのすべてなのですと。この「第十八願」がわたしを救ってくださる真実であり、如来のゆるぎない願い、本願であると鮮明に示しておられます。同じくこの「第十八願」を、

これ真実の教を顕《あらわ》す明証《みょうしょう》なり

とも断言しておられます。お釈迦さまが法蔵菩薩でおられたときに、「一つでも適わなければほとけにならない」と立てられた四十八願の中心は、「第十八願」だということです。

親鸞聖人はどのような機会をもってこの「第十八願」に巡りあわれ、「この願《がん》こそがお釈迦さまの願いの要である」と位置づけられたかについては、『教行信証』の結びである「後序」にこのように書かれています。

慶《よろこ》ばしいかな、心を弘誓《ぐぜい》の仏地《ぶつじ》に樹《た》て、念《おもい》を難思《なんじ》の法海《ほうかい》に流す。深く如来の矜哀《こうあい》を知りて、まことに師教《しきょう》の恩厚《おんこう》を仰ぐ。慶喜《きょうき》いよいよ至り、志孝《しこう》いよいよ重し。これによりて、真宗の詮《せん》を鈔《しょう》し、浄土の要《よう》を摭《ひろ》ふ。ただ仏恩の深きことを念《おも》うて、人倫《じんりん》の嘲《あざけ》りを恥ぢず。

と述べられているとおり、「師教の恩厚」あればこそです。

「第十八願」には、他には見られない特色があります。他の願はすべて「正覚をとらじ」で終わっているのですが、この第十八願だけは「ただ五逆と誹謗正法とをば除く」という言葉が添え

られています。この願が他とは位置づけが異なることを、自ずと示しています。どうしても目につく仕掛けになっています。

さらにいえば、この「第十八願」と続く「第十九願」、「第二十願」の三願だけに共通する「十方の衆生」という言葉も目を引きます。こうした共通の言葉が続くことは、他に見られないことです。

この三つの願が、他の四五の願に比べて特別な意味があることを示しています。ただし、ほかの四五の願と優劣があるということではありません。それぞれに大切な意味づけがあることはもちろんのことです。

さらに、『大経』の『観経』と『小経』との違いは偈文《げもん》、すなわち歌が挿入されていることです。上巻での「四十八願」の前に「讃仏偈《さんぶつげ》」が、そしてのちには「重誓偈《じゅうせいげ》」が添えられてあり、下巻では「東方偈《とうほうげ》」が添えられてあります。散文でなく歌にされたことの意味は、限られた字数での表現がより多くの、そしてより広くの人に理解が届くことの願いを込められたと見ることができます。

同じことは、親鸞聖人も『教行信証』の中に「正信偈」を添えておられることからも窺えます。聖人は「師教」との結びつきで、八万四〇〇〇もの経典から大・観・小の「浄土三部経」との出会いをもたれ、自身の信仰の要に「第十八願」を据えられました。必然だったのです。

豊かな明日へ

「NAMSANGATI」

では、お坊さんになるにはどうすればいいのでしょうか。

西本願寺系では本願寺の決めた習札所に一〇日間入って、基礎となる読経や作法の基本確認をするだけです。入所者のほとんどは課程の修了を認められ、よほどの事情がないかぎり、中途退所はありません。

退所前日に、男子は剃髪を受けます。入所前にすでに丸刈り姿になっているのですが、伸びた頭髪をあらためてカミソリで剃り落とし、青々とした丸頭になります。女性はえり元の無駄毛を剃り落とします。

最終日には、修了者全員が本願寺御影堂の親鸞聖人祖像の前で、本願寺住職を導師として得度式を受けます。

得度式を受ける

式は本願寺の諸行事が終わった夕刻から行われます。まだ明るさが残っていても御影堂は扉を閉じ、さらに黒いカーテンで覆い、外からの明かりをほぼさえぎります。暗闇にしてしつらえて、ろうそくの明かりだけで行われるのです。これは、親鸞聖人が九歳で青蓮院で得度式を受けられたのが深夜であった、という故事に倣っているのです。

この得度式は、二部構成になっています。

第一部では、俗人が着る袴に白衣姿で剃髪直後である頭に、剃髪の形として本願寺住職からあらためてカミソリを三度当ててもらい、帰敬の式を受けます。この帰敬の式を終えると受式者は一旦控え室に戻り、黒衣をまとい、そしてお釈迦さまが着ておられた糞掃衣《ふんぞうえ》に倣った黄袈裟《きげさ》姿の僧形に着替えて、あらためて第二部に向かいます。

第二部では、修了者全員が阿弥陀さまや親鸞聖人の教えを遵守する言葉を述べ、仏弟子としての名乗りである法名を頂戴して終わります。名実とも僧侶になったのです。

得度式がわざわざ二部構成になっていることには大切な意味があるのです。第一部では、俗人のままで、帰敬式を受け第二部で黒衣、黄袈裟を着用した僧侶の姿になり、法名を受けることは、ここで俗世を離れ、出家者としての第一歩を踏み出した強い決意を示しているのです。

僧侶になるという動機はさまざまでしょうが、決断して実行するのはそれぞれの個人です。その決意を形として表わしているのが、得度式を二部構成にしている意味なのです。僧侶になることは、各個人が強い決意をもってなされていることを儀式の形によって表わしているのです。決して中途半端な気持ちでお坊さんになったのではないのです。

もしお坊さんとしてのあり方に迷いが生じたときは、本願寺御影堂の暗闇の中での儀式のようすを思い出してみればよいのです。一時間ほどの儀式ですが、人生の大転換を自らの意志と行いによって執り行ったのです。

ここで強く意識しておかなければならないことがあります。この得度式の行われた場所と、儀式の執行者です。式は阿弥陀さまの前である本堂ではなく、親鸞聖人の前である御影堂で行われる事実です。

この事実は、浄土真宗のお坊さんはお釈迦さまが説かれたほとけになるための無数の教えのなかで、「阿弥陀さまが呼びかけてくださる念仏が唯一の道である」ことを示された親鸞聖人の教えに依遵する姿を表わしているのです。すなわち、仏教徒であり親鸞門徒であることの表われなのです。しかも、帰敬式を親鸞聖人にご縁の深い本願寺住職から受けたということは、本願寺門徒であることの証しでもあるのです。

真宗と葬儀

仏教はどのようにしてわたしの暮らしに入り込んで、しかもあらゆる場面で重き存在になったのでしょう。

およそ二五〇〇年前のインドのお釈迦さまを仏教は出発点とします。その後、中国に渡り日本に辿り着いたのが六世紀ころです。以来、今日まで日本の中心地であった奈良、平安、鎌倉、江戸の文化を支え、さらに明治、大正、昭和、平成、令和と年を重ねています。それぞれの時代においての変遷を潜り抜けてきたのです。江戸から明治への維新、昭和の第二次世界大戦の敗戦前後など、日本人の暮らしのあり方そのものを大転換させた未曾有の出来事も、それなりに潜り抜けて現在に至っています。

そうした年の重なりのなかで、信仰としてばかりでなく、文化の面でも仏教は日本人の暮らしに大きな影響を及ぼしています。文字、文学、絵画、音楽、彫刻、建築等々の諸事象も、仏教抜きでは語れなくなっています。そのいずれもが、仏教の教えを如何に我がこととして受け取り、それを如何に周りの人に伝えるかの手段として用いられ、発展を遂げてきたのです。

こうした時代が移り変わるなかで、仏教が暮らしのなかで重きを置くようになったのは、死者の扱いを引き受けるようになったことに始まります。とくに浄土真宗においては、およそ五〇〇年前に蓮如上人が自らの死に際しての始末を指示されたことが契機となりました。「読経は親鸞聖人の言葉で」、「執行は真宗の僧侶で」と指示されたのです。

僧侶の葬儀は蓮如上人以前にも行われていましたが、その執行は公認された僧侶ではなく、私《し》度《ど》僧《そう》と呼ばれた未公認の僧侶によって行われることが常でした。公認された僧侶は、自身の解脱を目指すことだけが寺院にいる理由であって、人の死に携わることは勤めではなかったのです。

かなり前のことですが、友人の結婚披露宴で、奈良の新薬師寺の当時の管長であった故高田好胤師と同席することがありました。師は開口一番、「わたしは結婚式によく呼ばれるんです。葬式をすることがありませんからね」と言われました。この言葉には、「死は忌み嫌うもの、縁起の悪いもの」といった通常の生活感覚とともに、僧侶は自己の解脱が最終到達点であり、そのための修行と勉学の日々を送っており、人の死に関わるものではないという仏教の一面が込められてもいました。奈良の旧仏教寺院で現代に至るまで連綿と生き続けているかつての僧侶の姿の一コマでした。

そのような仏教のあり方に、蓮如上人は異を唱えたのです。自らのいのちを緒として、真宗僧侶は人の死に直接関わるよう指示されたのです。そうした背景には、死に携わることを忌み嫌う考えとか、死に携わっていた私度僧への偏見視などへの親鸞聖人の厳しい問いかけがあったのです。親鸞聖人の著である『唯信鈔文《ゆいしんしょうもん》意《い》』において、「能令《のうりょう》瓦《が》礫《りゃく》変成《へんじょう》金《こん》」の言葉を、

れふし（猟師）・あき人（商人）、さまざまのものはみな、いし・かはら・つぶてのごとくなるわれらなり。如来の御《おん》ちかひをふたごころなく信楽《しんぎょう》すれば、摂取《せっしゅ》のひかりのなかにをさめとられまゐらせて、かならず大涅槃《だいねはん》のさとりをひらかしめたまふは、すなはちれふし・あき人《びと》などは、いし・かはら・つぶてなんどをよくこがねとなさしめんがごとしとたとへたまへるなり

と読んでおられます。

当時は差別されるような職業の猟師、商人などであっても、阿弥陀さまの働きのもとでは、誰彼の区別なく光り輝く存在ですよ、と解き明かしていただいたのです。そういう親鸞聖人のお心を、蓮如上人はご自身の死をまえにして、我がことに置き換えて具現化されたのです。

以後、現在に至るまで真宗僧侶による葬儀は、仏説としての経文の読経ではなく、親鸞聖人の言葉で七言六〇行一二〇句の偈文にまとめた「正信念仏偈《しょうしんねんぶつげ》（正信偈）」を中心とする作法で執り行われています。

こうした意味を背景に、真宗僧侶と葬儀とは密接に繋がるようになり、「人がいのち終えたときは僧侶に」という認識が多くの人の生活感覚として確立されました。

僧侶にとって、自身が葬儀に関わるということは、自らのいのちの問題を目の当たりにすることと同じように、わたしを取り囲むいのちそのものと直接向きあう大切な場面でもあります。あわせて、生まれてきた者にとって、死が免れることのできない大事になってきたことを、より多くの人に知らしめる勤めがあるからです。葬儀に臨むというのは、誰もが否応もなく死に直面しなければならない現実を教えられる場に臨むということです。

葬儀という場面に濃密に関わることにより、仏教すなわち僧侶は人の暮らしの場に、そして人びとの心の内面にいっそう深く関わるようになりました。

なぜ人は生まれ、なぜ齢を重ね、そして死を迎えなければならないのか。これは、わたしの存在そのものへの問いです。

「われ思う、ゆえにわれあり」は一つの答えです。しかし仏教は、その「われ」そのものを問うのです。そして、そのわれを問うてゆく先には、「訳のわからない存在」という答えが待っています。「無明《むみょう》」です。無明を滅し、生を滅し、老死を滅したことで、迷いから、苦悩から脱した世界、すなわち「悟り」があると教えます。死者と直接対峙する葬儀は、そのようないのちのあり方を伝える場として、大きな意味・意義があるのです。

葬式仏教と揶揄されることがあるように、僧侶が葬儀に携わることが仏教の本来の姿を変えてしまったと思われているふしがあります。しかし葬儀は、僧侶が生活者との繋がりをますます強くする、仏教の教えを次の世代に間違いなく伝える大切な場となっていることを知らなければなりません。このことに自信をもつべきです。

現在の葬儀場のようすを如実に示す言葉が、すでに『大経』四十八願の「第十九願」の後半に記されてあります。

寿終《いのちおわ》る時《とき》に臨《のぞ》んで、たとひ大衆《だいしゅ》と囲繞《いにょう》してその人《ひと》の前《まえ》に現《げん》ぜずは、正覚《しょうがく》を取《と》らじ

いのち終えるときになって、もし多くの人がその人の死を悔やんで周りを取り囲んでいる前に現れなければ、わたしはほとけになりません

また『小経』には、

その人、命終《みょうじゅう》の時《とき》に臨《のぞ》みて、阿弥陀仏、もろもろの聖衆《しょうじゅ》と現じてその前《まえ》にましまさん。この人終《ひとおわ》らん時《とき》、心顛倒《しんてんどう》せずして、すなはち阿弥陀仏の極楽国土《ごくらくこくど》に往生《おうじょう》することを得《う》

その人がいのち終えるときを迎えて、わたし阿弥陀は、そのいのち終える人の周りを取り囲む人たちに姿を変えて現れます。

と示されます。この『大経』と『小経』の言葉を映像化すれば、現在の葬儀のようすがそのまま映し出されます。

浄土真宗の葬儀の場は、親鸞聖人の教えの基本である往相《おうそう》・還相《げんそう》の二種の回向《えこう》そのものの姿があります。お棺の中に横たわる今いのち終えた人は、お棺の上からではあっても七条袈裟《しちじょうげさ》を纏《まと》い、ほとけの名乗りである法名を頂戴し、「弥陀同体」としての存在となっておられるのです。

一人の人がいのち終えますと、臨終勤行《りんじゅうごんぎょう》（枕経）、通夜、葬儀ともに、そのいのち終えた人の周りには、お願いをしていないにもかかわらず時間を割いて、あるいは距離を厭わず大勢の縁ある人たちが駆けつけて、手を合わされます。

こうした現実をとらえて、蓮如上人は、

仏法《ぶっぽう》をあるじとし、世間《せけん》を客人《まろうど》とせよといえり

との言葉を残されたと伝わっています。

葬儀の場で交わされる挨拶に、「故人は生前なにかとお世話になりました」という言葉があります。お参りにきた人も、残された家族も、同じように使う挨拶の言葉です。

亡くなった人を前にして、「生前」という言葉がためらいもなく使われています。いのち終えた人の、生まれる前を知っていたかのような言葉です。生まれる前は、誰も知らないはずです。でもあたりまえのように、「生前」といいます。じつは、ここで使われている「生前」とは、仏教でいう往生の前、浄土に行って生まれる前、ほとけになる前、成仏の前、すなわち存命中は、という意味です。

いのち終えた人を前にしての「生前」という挨拶言葉は、成仏を確認しての、ほとけに対しての言葉で、仏教の教えが暮らしの中に浸透していることの証しの一つです。

明治維新のしばらくあとですが、仏教が葬儀と離れた時期があります。天皇を頂点に据えたうえで、キリスト教を国教としている西欧諸国の体制に倣うことに懸命だった時の政府は、国全体を一つの宗教にまとめることを国是として国家神道以外のすべての宗教を排する行動に出ました。廃仏毀釈です。

仏教が廃除の矢面に立たされました。多くの寺院が廃棄され、多くの僧侶が路頭に迷う事態になりました。とくに家族を伴っている真宗関係者の暮らしは、凄惨を極めました。福井県若狭地方や宮崎県では、死者も出ました。

葬儀の執行も、明治五年（一八七二）に「自葬儀の禁止」が布告されました。すなわち仏教やキリスト教の信者がそれぞれの教えに則った立場で葬儀を執行することが禁じられたのです。葬儀の執行が、神道を司る神職の手だけに委ねられることになりました。

ここで問題が起こりました。神道にとって、死はケガレの最たるものです。もっとも忌み嫌うのが死に関わることです。したがって、天皇を現人神《あらひとがみ》として敬いの対象としている神職たちは、人の死に直接関わることを良しとはしなかったのです。結局、人の死に際して、儀式を執行する立場の者がいなくなってしまったのです。

困り果てた政府は、差し迫った問題の解決のために、再び仏教やキリスト教などを葬儀の執行者として認めざるをえなくなったのです。信教の自由を求める真宗関係者の尽力もありましたが、こうした理由も一つとなって廃仏毀釈は終焉を迎え、信教の自由が戻ったのです（森謙二著『墓と葬送の社会史』講談社刊参照）。

お香典

新聞に載る死亡案内や、手許に届く葬儀の知らせに最近添えられる言葉に、「お香典は謹んでご辞退致します」があります。特定の地方だけのことか、日本全体がそうなのかはわかりませんが、よく目にするようになりました。

いつごろ、誰が、なぜ始めたことなのかわかりません。しかし、近年こうした案内が増えたことだけは事実です。

著名な人であったり、手広く仕事をしたりした人のお葬儀ともなれば、参拝の人は数多くになり、頂戴されるお香典の数もおのずから多量になります。そこで危惧されるのが返礼の手間です。頂戴した金額に見合う品選び、送り主を確認するなどの雑多な事務が残ります。数多くのお参りをいただくほどの人には、そうした事務を任ってくれる人がおられるだろうし、また自分でそうした事務をされなくても、百貨店や代行してくれる会社を利用されることも容易な人だろうと推測できます。それでも、香典を頂戴しなくなりました。

こうした習いがますます拡がれば、自らの力で葬儀ができる人はよいのですが、葬儀の経済的な負担が困難な人は、葬儀そのものができない状態に陥ってしまいかねません。

そもそも、葬儀と火事だけは、縁ある人が一切の区別・差別なく助けの手を差し伸べる助け合いの精神が、暮らしのなかにありました。その精神が形として表われたのが、火事見舞いであり、香典だったのです。ともに、被災された人、葬儀の施主となった人にとっては突然のことであり、当座をしのぐ生活の資に困った状態になっておられる、そういう暮らしの一助になればという互助の心の表われなのです。人が根底にもっているやさしさの表われなのです。ところが、最近ではお寺の葬儀の案内にまで、「お香典の拝受は辞退致します」と書かれることが見受けられるようになりました。

供花を辞退されることは理解ができます。会社名などが麗々しく書かれた札のついた花々。その多くは荘厳壇や式場内に飾られることなく、通路などの人目につく場所に並べられています。そういう花が飾られたあとは、どのように扱われているのかもわかりません。供花という行為自体の意味が失われてしまっています。

香典は、かつては焼香に用いるお香そのものが高価であり、葬儀だからといって必要な量を施主が揃えることが困難だったことに由来します。お参りの人がお香を用意する一助にと金子を持ち寄られたことが始まりだと伝わっています。その名残りでしょうか、香典の上書きに「香資」と書く慣例も残っています。

香典を辞退するのは、「お参りにこられる人に負担をかけたくない」という親切心から出ていることは理解できます。しかし、葬儀そのものの経費を軽減するという方向からは逆行する流れでもあります。

法名と院号　お釈迦さまの弟子の名乗り

今のお寺で、とくに葬儀のあり方で話題になることが多いのが、法名（戒名）とこれに付随する院号の問題です。どなたかの死の連絡を受けたお寺がまず確認するのが、亡くなられた方がすでに法名を受けておられるのかどうかです。そして次に、院号を受けられるのかどうかを確認します。法名、院号は、それほど大切です。

法名は、仏弟子となったという名乗りですから、仏式で葬儀を受ける人は原則、すべての人に受けていただきます。故人に贈られる名前と誤解されている方も多いのですが、正しくは生きているあいだに三宝に帰依し、仏弟子として生きることを誓って授かる名です。三宝というのは、仏と、仏の教えの法、その教えを奉じる僧、この仏・法・僧のことです。元気なときに自分の意思で、自ら行動して、浄土真宗であれば京都にある本山の西本願寺のご住職（門主）、あるいはお手代わり（代理）によって「帰敬式《おかみそり》」を受け、ご住職につけていただいた法名をいただくのが通例です。

京都の本山までくる機会がなかったり、諸事情で本山での帰敬式を受けられなかった人には、現在は各地の寺院にお手代わりが出向いてその式を執り行う機会を用意しています。そこでも受けられなかった人は、亡くなったことを契機に、所属している寺院の僧侶か、葬儀を執行していただく導師を本願寺住職のその場だけのお手代わりとして、納棺や通夜の勤行前などに帰敬式を執り行い、法名を受けます。

なぜ、それほどまでして法名を受けなければならないのかは、疑問とされる点の一つです。せっかく親がつけてくれた名前があるのだから、それでよいではないか。なぜ別の名前をわざわざつけなければならないのか。仏弟子としての名乗りを、なぜ念仏の教えの師である本願寺住職につけてもらわなければならないのか、という疑問です。

人として誕生を迎えた者は、洋の東西を問わず、今日ではすべて姓・名が与えられています。形はいろいろですが、姓名のない人は天皇家の人たちを除いていません。このことに疑問を抱く人はまずいません。

しかも、その名前のつけ方には、じつにさまざまな思惑が働いています。親をはじめ、親族の誰かにつけてもらうこともあれば、親の恩人や信頼のおける友人につけてもらうこともあるでしょう。字画であるとか、時の流れなどに傾注してつけることもあります。いずれにしても、誕生を迎えた子どもの将来を案じ、あるいは大人の夢を託して名はつけられます。

同じように、法名は仏弟子となって新たな人生を歩み始めた印です。新たな誕生を迎えたことを意味しますから、新たな名をもつのも必然なのです。

法名は、漢字二文字に決められています。しかし、漢字はあくまで事象の表現であって、漢字そのものに善悪の意味を見いだすのは不自然なことです。基本的には、人に託した名付けは識別の印でしかないのです。「おーい」とか、「あなた」とか、「ちょっと」などの呼びかけでは、その場に複数人がいれば、誰のことか判別ができません。ですから、「○○ちゃん」とか、「△△さん」など、名とともに呼びかけます。

いつのころからでしょうか、子どもの名づけに、とくに漢字の当て方に重い意味をもたせるようになったのは。かつては、最初に生まれたから「一郎」、四番目だから「四郎」など、記号としての意味を与えることが主流でした。大勢のなかで判別できればよかったからです。

誕生を迎えた子どもに夢を託す、将来の発展と無事を願う大人の心持ちは否定できるものではありません。しかし、それを名前の文字に、しかも漢字の画数がどうだこうだとか、どのように見ても不合理な、理屈の通らない世界に子どもの将来を託すことは、合理主義が絶対視されているこの現代においては、なんとも不思議な現象です。しかも、現在の幼稚園や保育園では、必ずフリガナをつけてもらわないと先生たちが読めない、普通の教育を受けた者には判読が困難な文字を並べた名前も見受けられます。

こうした流れは、せっかく頂戴した法名にも表われるようになりました。法名の文字が気にくわないから、わたしには合わないからといって、帰敬式を複数回受けられる事例まであります。法名を変えてほしいとの申し出のあった人に、わたしはそのつど伝えます。「あなたの現在の名前はいつ、どのようにしてつけられたのですか。周りの大人が、あなたの誕生に接してつけられたのでしょう。では、そのときにあなたは、「その名前はイヤダ」とか、「そんな字はイヤダ」などいいましたか。こんな名前にしてくれとか、こんな字を使ってくれとかいいましたか。いったはずはないでしょう。

あなたが名前をつけられた当時は、あなた自身は自分の名前がどのようにつけられたかなんて、知りようもなかったはずです。長じて周りから、「○○ちゃん」と呼びかけられて、はじめて自分の名前が○○であることを知っただけのはずです。ましてや、生まれてくる前に、「自分の名前は○○にしてくれ」なんて頼んだ人は一人もいません。名前は当人の否も応もなくつけられたのです。自分の思いなど入り込む余地はないのです。

たしかに、法名は仏弟子としての名乗りですから、往生を遂げ、成仏されることの印です。現在はまだ人間のままです。いつかほとけになることは間違いのない、約束の日暮らしを送っていますが、まだほとけにはなっていません。つまりは、与えられた法名に不平、不満をいっている状況は、人間でいえば生まれる前の段階にあたります。自分の名前がどのようなものかを知る前なのです。ほとけとなったときの名乗りを今の時点で受けたからといって、未来の姿に不平や不満をいっても始まりません。自分の名前を受け入れているのと同じように、仏弟子としての自分の名乗りを受け入れればよいのです」と話します。

自分の名乗りは、本人の意志などは度外視して決められ、そのことになんの疑問ももたずに受け入れている。にもかかわらず、仏弟子の名乗りとなると、この字はいやだなどと不平をいう。なんとも不思議な心の表われです。「我を捨てることがほとけへの道の第一歩である」と聞かされているはずの人にも、そういう現状はあります。

次いで、仏弟子としての名乗りで疑問をもたれることの多いのが、男女の扱いです。法名の上に、「尼」の字をつけて女性を示す理由です。釈尼○○と名乗ることへの反感です。ほとけになるとは、男とか女とかを超越した世界に到達することであるはずなのに、なぜ女性にだけわざわざ「尼」の字をつけるのかとの疑問です。それに、浄土真宗では法名は二字と決められているのに「尼」の字を加えれば三文字になるではないか、これは不都合ではないかという指摘です。

こうした指摘は間違いではないので、現在では浄土真宗の法名からは「尼」の字は原則なくなりました。見た目の男女区別はまったくありません。すべて「釈○○」とつけられます。浄土真宗では居士や大姉というランクを表わす位号は使いません。「釈○○」の釈は釈迦を表わし、法名に釈の文字がつくことで、釈迦の弟子になったという意味になります。

しかし、こうした男女間で同じ法名にしたことに、一部の女性からは不平が聞かれました。「男女平等のはずなのに、これまで男につけていた法名となぜ同じなのか。女の立場をないがしろにしているのではないか」と。

いま一つは、将来の家族が法名を見ただけでは、どれがおじいちゃんで、どれがおばあちゃんの法名であるかの判別が困難になるという指摘です。たしかに、かつての女性の法名は「尼」の字をつけずに、女性だと判別しやすい「妙」などの文字を用いて、女性の法名も二文字で表わされていました。「尼」をつけることの可否も含めて、男女が同じ立場であることの法名のつけ方を、いま一度問い直してみる必要があります。

法名に関しては、とくに金銭とからむことから問題になるのが、院号の附与です。院号は、それぞれの寺院に特別な寄与のあった人にそのお礼として附与したもので、決して買うものではありません。しかし、結果としては特別な金額を寄進する人に附与する機会が多いことから、あたかも買ったように見られることをまぬかれることはできません。

浄土真宗の西本願寺でも、二〇万円以上の特別な寄進に対するお礼として院号が附与されます。長年にわたって門徒総代を務めたとか、いろいろな分野で本山に功績のあった人などにも附与されます。

院号は、法名と違って、どうしても必要なものではありません。あくまでも、お寺への思いとか、信心を得たことへの報恩の思いなどを示すものです。院号があるからといって、特別なほとけになるとか、ほとけとしての位が上がるなどという意味づけは、まったくありません。あくまで、お寺への寄与に対する御礼として附与するにすぎないのです。

お寺からのお礼は法を伝えることで充分で、それ以外は門信徒に違いを附与することになるのだから院号の附与は疑問である、という意見もあります。しかし、わたしの生活感覚では、誰かから物品を頂戴すれば、真心からのお礼の言葉ばかりでなく、なんらかの物品を返礼とすることは、ひとつの礼儀だと思います。

わたしの経験です。某家で葬儀を勤めました。施主から申し出があり、院号法名をおつけしました。しばらくして、隣家でも葬儀を執り行いました。院号はなく、法名だけでした。そのことに、わたしは一片の疑問も抱きませんでした。ところが、葬儀を終えた夜、施主がお寺にこられました。わたしは丁寧に挨拶にこられたものと、玄関に出ました。そのご門徒は、挨拶もなく開口一番、「今日をかぎりとして、お寺との縁を切ります」と言われました。驚いたわたしも挨拶抜きで、「どうしたんですか、なにがあったのですか」と聞きました。返答はこうでした。

「先日、隣家での葬儀の折には、故人にきちんと○○院とつけておられたのに、わたしの家のときは釈○○と法名だけでした。わたしも不審に思ってはいたのですが、親戚の者たちも、あとでそのことに触れて、「お寺はこの家を下に見ている、こんな失礼なお寺とのつきあいは止めてしまえ」と大騒ぎになった。なぜわたしの家の葬儀で院号がつかなかったのか、どうにも腑に落ちない」と。

わたしは玄関で立ったままでしたが、言葉を重ねました。まず、「院号の有り無しで、亡くなった人をほとけとしての位づけすることはありませんし、家の上下を表わすなどの意味で院号を附与する、附与しないということはありえません。院号はお寺から催促して附与するものでもありません。隣家の場合は、先方から要望があったから附与したまでのこと、あくまでも本山を含めたお寺へのお礼の気持ちの表われでしかない」ことを告げました。

不満げな顔つきながら、そのときは帰っていかれました。翌朝、一番に玄関のチャイムが鳴りました。昨夜の方でした、一瞬わたしの脳裏に、「門徒離れ」の言葉が横切りました。覚悟を決めて、その方を座敷に通し、対面しました。彼は少しもじもじしながら封筒を差し出し、「これ、亡くなった人の心ですので、今からでも院号をつけてやってほしい」と言いました。亡くなった人は、お寺の法座にも、本山参りにも熱心な方で、お念仏を喜んでおられたことは承知していました。わたしは、差し出された封筒を喜んで受け取りました。

この出来事以来、わたしは葬儀の案内があれば、すべての方に院号をつけるかどうかを問い合わせるようにしました。念佛を、お寺への想いを顔に出さなくても篤くもっている人が、そのお礼をどのように表わせばよいかがわからない人がいることを知ったからです。お参りを重ねること、清掃などの奉仕に加わることなどは、そのお礼の具体的な表われですが、家族に残す形の一つとして、院号を受けることもあるということです。

院号を受けることに付随する金銭的な過剰な負担については、一時、世評を騒がせたことがあります。わたしも、疑問をもたざるをえません。何百万円もの金額を提示されるお寺には、第一義的に不信を抱きます。「徳川家康と同じ院号がほしい、お金はいくらでも出す」という門信徒側の発想と姿勢にも、強い疑念を抱きます。

徳川家康は、お寺に広大な土地を与え、伽藍を建て、加護に努めました。いくら金銭に余裕があるとしても、今の時代の個人には限りあることです。その限りある境を超えて、せめて死後の名前を金銭で同列に扱うことを求める行為であり、発想です。結果として、生活感覚では考えられない金額が動き、葬儀自体に不信が募り、「葬式なんていらない」という言葉が幅をきかすようになりました。葬儀そのものが華美に、豪華になり、高額な費用がかかるようになりました。その風潮の一端を担ったのが、一部ではありますが院号でした。

元来は、お寺への寄進に対するお礼が院号です。そこには人の優劣を示す文字の意味はありません。したがって、お寺側が金額の多寡によって院号に種類を明示することもありません。それが院号の姿なのです。

平成・令和に変わるとも戦後は戦後

二〇二〇年七月時点の新型コロナウイルスに関する出来事ですが、政府は蔓延の現状は認めていたものの、「病院はまだ逼迫した状態ではなく余裕がある、だから心配には及ばない」とアナウンスしています。一方、現場の医師は、蔓延の現状から医療が逼迫することは目前であると、危機感を切実に伝えています。

政府と現場の医師とのこのやりとりを見聞きして思い起こされるのは、七十数年前の第二次世界大戦における日本軍の対応です。日本軍の東南アジア諸国への進軍の大きな目的は、資源の確保に加えて西欧諸国による植民地支配からの解放であり、それぞれの国の独立を目指すことにあったとされました。しかし、東南アジア諸国の独立が実現したのは、日本の占領統治下にあった時代ではなく、日本の敗戦後のことです。現地と日本政府の意図とのあいだで、なんらかの乖離があったことの証しの一つです。

第二次世界大戦末期の太平洋に散在する島々の日本軍は、惨憺たるありさまでした。弾薬や戦闘機の消耗はもとより、補給路を断たれたことによる食糧の欠乏が多くの兵士を苦しめました。三〇〇万人を超す戦死者の多くが、戦闘死より敗走中の病死や餓死であったと伝わっています。現場の窮状が政府に届いていなかったか、届いていても他に大義があって実情を伝える情報が無視、軽視された結果です。今回の新型コロナウイルスへの政府と医師をめぐる対応をみていても、歴史から学ぶという姿勢は絵空事なのだと教えられました。

同じようなことを、森友学園問題における事実解明の作業においても感じることがありました。解明途中で、当事者である財務官僚の元国税庁長官佐川宣寿氏が発した「国家公務員の職業上の言動の責任は国が負う」という言葉です。実体を伝える言葉でしょうが、公が大義を名目に個人の言動を無視、軽視することを如実に表わしています。

第二次世界大戦は、明らかに日本の敗戦でした。戦争完遂を目的とする国策映画「日本ニュース」の一九四五年（昭和二〇）一一月のタイトルは、「敗戦陸海軍の地下作戦室」でした。そこで描かれていたのは、日本軍の兵士はすべて上官の命によって行動が律せられていた実態でした。軍隊においては、命令の伝わり方は一方通行です。情報の相互通行はありえません。ですから、命令あるいは伝達であっても、その結果責任はそれを伝えた一人ひとりが負うものでなければなりません。「国」という抽象的な実体であっても、実際に行動を伝え・命ずるのは、それぞれの立場にいる個人だということです。しかしながら、三〇〇万人もの犠牲を強いておきながら、七十数年もたっても責任の所在があやふやなまま過ごされていることは、佐川氏が述べる「責任は国が負う」という言葉が、今も実体として生きているということです。

時の指導者への忖度によって税金が不自然に動かされ、流れる。結果、納税者に損害があったとしても、公務員が職務上の命を受けて行った行為であるときは、その責任は国にあるという仕組みです。「お国のため」と、いのちを差し出した結果、それが間違いであるとわかっても、「お国のため」と命じ・伝えた人の誰もが責任を取らないという国の仕組みは、なに一つ変わっていないのです。こうした「国」の姿は、洋の東西を問わず、政治体制の右左を問わず、変わることはないでしょう。国の行いに国が責任を取っていたら、国の存続はありえないからです。

日本は七〇年前に戦争に負けました。しかし、その責任を時の為政者は自ら取ろうとはしませんでした。結果、国民が責任を取らされました。占領されたのです。国連軍という名のアメリカ軍による監視の下での生活が始まったのです。その被占領時代に施行された憲法について、今になって不平不満をいってみても、それはどうしようもないことです。しかも、沖縄や岩国ばかりか、東京近辺の横田、横須賀などの米軍基地が首都の制空権も含めて、いまだに日本の中枢部を監視下に置いている事実は、日本が今も被占領体制下にあることの明らかな証明です。

保守を標榜されている政治家が、「領土・領海・領空を守ることが第一である」と堂々と発す言葉は、どう信じたらよいのでしょう。「守る」より先に、「返してもらう」が先ではないのでしょうか。どうにも腑に落ちない政治というものの姿です。

こうした状況の日本で反戦を主張すると、「理想に過ぎない」とか、「左翼だ」とか「反国家だ」などという言葉で、その主張は遠ざけられようとします。日本に軍備はほんとうにいらないのかと問われれば、答えは「いらない」です。思想を裏付けとする立場ではなく、現状をそのまま見れば明らかなことです。

たとえば、家庭に防犯設備をそなえるとします。監視カメラ、人感知の照明、何重もの鍵、ガードマンに知らせる警報装置、近隣にまで響くブザー等々です。しかし、これらの設備を整えたとしても、不審者の侵入そのものを防ぐことはできません。日本の至る所に設置されている監視カメラにしても、犯罪が起こってから、その実証に役立っていることは事実ですが、それをなぜ防犯カメラと呼ぶようになったのでしょうか。実際に防犯に役立った例はあるのでしょうか。防犯をいうのなら、はっきりと監視カメラといったほうが効果はあるはずです。なにか作為的な意図があって、監視という言葉を避けているとしか思えません。

いかに防犯体制を整えても、侵入者は防ぎきれません。いかに万全を誇る警備会社であったとしても、不審者の侵入があってはじめて行動に移りますから、侵入そのものを防ぐことは不可能です。防犯対策を充分に施したうえで侵入が予知できたときに、あるいは侵入事態が発生したときにわたしがその場にいたとすれば、わたしがまずとる行動は大声を上げることです。次に警察に連絡することです。あるいは、その場から逃げるかもしれません。自分の身の安全を考えると、それ以上の手立てはありません。それゆえに税金によって、公のお金によって警察組織という社会のシステムが維持されているので、安心して生活できているのです。

これを日本という国に置き換えると、防犯設備としての万全を期する行動が現実に起こせるかどうかもわからない自衛隊を存続させるために、安全保障の名目で高額な税金が使われています。しかし、どこかの国が武力でもって侵入してくるようなことがあれば警察、すなわちアメリカにあとを任せてお願いするしかないのです。これが今の日本の実態であることは、知っておかなければなりません。それが敗戦国の現実なのです。日米安保条約や日米地位協定が日本の国法よりも優先される現実が、この実態を如実に物語ります。

こうした現実があるがゆえに、自衛隊を強力な国軍にして自分の国は自分で守らなければならないとする議論があります。確かに、自国の軍隊を保持していない国は、世界でも珍しいことのようです。しかし、被占領国のままの日本には、世界の常識といえども通用しないのです。

沖縄はもちろんのこと、首都東京の周りまでをもアメリカ軍基地が存在して、制空権までも占拠している事実が現実です。日本の飛行機が、日本の上空を自由に飛べないのです。日本政府は、戦後七十数年もたっているのに、そのことに異議を唱えられない。

二〇一四年一二月には、京都府の北端、経ガ崎にアメリカ軍の新たなレーダー基地が突如として造られ、運用を開始しています。日本に外敵が現れたときは、アメリカ軍がその先頭に立って守る務めがあるからというのがその理由です。戦勝国として占領国への努めだというのです。アメリカ軍は占領国である日本を守るために活動を続けているのですから、日本は外敵に対抗する武力は要らないということなのです。

万が一日本の武力装備が実現するときは、日米地位協定はもとより、日米安保条約そのものが破棄されなければなりません。すべてのアメリカ軍は撤退し、占領体制から実体として解放されなければなりません。もちろん、国連の敵対条項も削除されなければなりません。日本は国連に加盟しているとはいえ、加盟各国からは現在も敵国と見做されたままだからです。

一九五五年には伴淳三郎、花菱アチャコの『二等兵物語』が、一九六五年には勝新太郎の『兵隊やくざ』などの映画が上映されました。映画館はいずれも満員の盛況でした。兵隊と組織、つまりは軍隊そのものを揶揄した喜劇映画でした。娯楽の種類などは、現代とは比較にならないほど乏しい時代でした。大人の男たちの楽しみはお酒かパチンコ、映画くらいしかない時代でした。なかでも映画は、大人も子どもも熱中する大衆娯楽でした。

そのような時代であったとは言え、画面に熱中している大人の多くは軍隊の経験者であったはずです。その彼らが、こうした兵隊や軍隊を揶揄した映画、たとえ喜劇的にみせていたとはいえ、反戦映画に笑い転げて観ていたのです。これらの映画を非難したとか、排除の動きがあったことは聞きません。そこで描かれていた世界は、架空のつくりものではなく、現実だったからです。戦争は無論のこと、軍隊の存在そのものがいかにあやふやなものであったかを、如実に描いていたからです。観客は、そうした実態を現実として知っていたのです。

『二等兵物語』などは、テレビの映画番組で放映すればよいのですが、深刻な戦争映画やドラマはあっても、あのような喜劇風の戦争映画やドラマを見ることはありません。わたしの生活の変化も含めて、政治からおおらかさが消え、妙な締めつけばかりが目につきます。こういう現況が、わたしたちをそのような気持ちにさせているように思えてしかたありません。現代の仏教界にも同じことがいえます。

政教分離

第二次世界大戦の敗戦を契機として、日本の政教分離は憲法二〇条一項に、「いかなる宗教団体も、国から特権を受け、又は政治上の権力を行使してはならない」、同上三項に「国及びその機関は、宗教教育その他いかなる宗教的活動もしてはならない」と明記することで決着しました。このため、学校教育はもとより、暮らしそのものから宗教の必要性が疎んじられるようになりました。

しかしながら、第二次世界大戦の戦勝国はもとより、日本と同じ敗戦国であったドイツやイタリアも、なぜかその轍《てつ》を踏んでいません。日常の暮らしのなかでの宗教、すなわち信仰に重きが置かれて政治が行われています。両国ともキリスト教云々と名乗る政党があり、大統領や首相も当たり前のこととして日曜日には教会に通っています。

第二次世界大戦中の日本軍の取った行動、たとえば捕虜になるよりも自決の道を選ぶとか、いのちを失うことを前提にした特攻の戦い方などは、戦勝国の人たちには理解を超えていました。しかも、そのような行動を支えるのは、日本人の価値観や信仰であることを知ったのです。そのことが現在の日本の極端な宗教政策を施行させる要因になったのです。

政教分離の本来の目的は、憲法にあるとおり、政治が宗教に口出しできないようにすることであって、宗教が政治に口出しすることを止めるものではありません。現実に、政党を構成している宗教団体もあれば、政党を後援する宗教団体も多くあります。しかし、政党が固有の宗教団体を表立って後援したり誹謗したりする姿を見ることはありません。

オウム真理教についても、政治の側から教義そのものを排除してはいません。教団のとった反社会的な凶行行為に対して警察権力の介入を許したのであり、その凶行行為が裁判で裁かれたのです。こうした政治側の行為に、世論の反対は起こりませんでした。教義そのものへの弾圧ではなかったからです。

各宗教団体は、それぞれの立場から、当たり前のこととして政治に口を出します。しかし、各宗教団体の宗教活動や教義に政治の立場から口出しすることは、市民生活を侵犯する法律違反をしないかぎり、ありえないことなのです。

親鸞聖人の時代も同じです。聖人の歩まれた専修念仏の教えが多くの人に認められ、

聖道《しょうどう》の諸教《しょきょう》は行証《ぎょうしょう》久しく廃《すた》れ、浄土の真宗は証道いま盛んなり

という状況を迎えて、反感を抱いた僧侶たちが政府に、

法に背《そむ》き義に違《い》し、忿《いかり》を成し怨《うら》みを結ぶ

と真宗の僧侶を訴えます。その結果、

真宗興隆《こうりゅう》の大祖《たいそ》源空《げんくう》法師ならびに門徒数輩《すはい》、罪科を考へず、猥《みだ》りがはしく死罪に坐《つみ》す。ある

いは僧儀をあらためて姓名《しょうみょう》を賜《たも》うて遠流《おんる》に処すと、処罰の対象としたのです。僧侶を僧侶のまま罰することができないので、いったん俗人に戻してから罪を与えたのです。親鸞聖人は藤井善信と名をつけられて越後に、今の新潟県高田に流罪となられました。国家が人のいのちを奪うほどの力があっても、宗教には介入できないことの一つの証しです。

第二次世界大戦の敗戦前の社会情勢は、すこし違いました。政治は、事あるごとに宗教団体の行動に公然と口を出していました。時の政権が危険と判断すれば、一九三五年（昭和一〇）の大本教への二度目の弾圧のように公然と公権力を行使し、出口王仁三郎など教団の多数の指導者や信者の上層部を連行・拘束しています。

敗戦を迎えて、国のあり方にあわせて、政治体制も一変しました。宗教団体の独自の活動に政治による制約を受けるような事態の変容も一掃されました。名実ともに、信教の自由が確保されました。徳川時代から長年にわたって制約も受けながら、一方で手厚い保護も受けていた浄土真宗や浄土宗などの旧仏教系の宗教団体は、敗戦を機にいきなり野に放たれる事態にもなりました。その結果、戸惑うことも多くありました。旧大名家を含む地主階級などからの経済的な支えがなくなるなどの不利益もあったからです。一方で、門信徒との繋がりは旧のままでした。個人が複数の宗教団体に所属していたことで、実際の人口よりも宗教人口の数のほうが多いという不思議な現象も起こりました。

文化庁が公表する平成二九年（二〇一七）版『宗教年鑑』では、神道系の信者数は八四七三万九六九九人、仏教系が八七七〇万二〇六九人、キリスト教系が一九一万四一九六人、それ以外の諸教が七九一万四四四〇人でした。宗教人口の総数は一億八二二六万六四〇四人でしたが、二〇二〇年一月一日現在の日本の人口は一億二四二七万一三一八人です。ただし、多くの仏教団体は信者数をいまだに個人でなく戸数で数えていますので、信者数は正確には捉えきれてはいません。

七〇年ほど前に実質的な信教の自由を得たときに、こうした矛盾は克服されていなければならなかったはずです。しかも、人びとの耳目に直接触れる基本的な姿勢の変革を等閑《なおざり》にした結果、今日の多くの人の宗教離れ、仏教離れを招いているのです。二〇〇四年から二〇一八年までの一四年間で、仏教系信者数は九三四八万五〇一七人から八四三三万六五三九人まで、およそ一〇〇〇万人も減少しています。

こうした現実から脱却する改革の第一歩は、それぞれの宗派を母体とする宗教法人と、寺院そのものの宗教団体とをはっきり区分し、宗教法人による各寺院の包括・被包括の関係を断つことです。同時に、教団の解体を目指すのです。そのうえで、各寺院はそれぞれ独立した存在であることを自覚して、教義上結ばれている各本山に直接帰属する関係を結べばよいのです。

宗教法人と宗教団体との現在の違いは、それぞれの代表者の位置関係で明らかです。「宗教法人の代表者は代表役員」です。「宗教団体の代表者は住職」です。各寺院の代表者である住職は、それぞれの本山の住職によって任命されています。そのために、住職補任式あるいは住職在職○○年などの儀式は、各本山が執り行っています。宗教法人の代表役員へのそうした儀式は、今のところ聞いたことがありません。

現在は便宜上、宗教団体の代表者である住職が、法人の代表役員を兼ねています。代表役員が住職を兼ねているのではありません。法人の代表役員にはどなたでもなれますが、住職はどなたでもなれるというわけにはいかないのです。

仏教系寺院はおおむね、○○宗○○派○○山○○寺と名乗ります。○○山は山号といい、寺の寺号ほど目につくことはありませんが、お寺には必ずついているものです。僧が籠って修行する一宇を、人里離れた山中に建てたことに由来します。お釈迦さまが説法されたのが、霊鷲山《りょうじゅせん》であったことにも由来しています。

山号は、そのまま地名に用いられるほどの影響があります。比叡山であったり、高野山であったり、身延山であったりは、山号が山の名前になっています。わたしが預かっています富山常楽寺の山号、梅沢山は梅沢町という地名になっています。大阪豊中の刀根山常楽寺の山号、豊島山は町や市を超える一帯の地名となっています。お寺の門を山門といい、境内地を山内《さんない》ともいうのも、山号に由来したことです。

宗派は、各宗の本山に帰属するお寺の集合体をいい、本山を支えることが主たる務めです。法要行事の手助けや、門信徒が懇志などを本山に納める準備をしたり、寺務の人員の助けの手配をしたりすることが宗派の仕事です。

本山を含む寺院の法要に関する差配、お勤めの内容、日程と時刻などは、それぞれの寺院住職が門徒総代と諸役員とで決めることです。そこに宗派が関与することはありません。宗派は、お寺で決めたことに助力を求められれば支援するだけなのです。

それぞれのお寺は、宗派はなくても成り立ちます。本山と直接に結びつけばよいのです。宗派を名乗ることが必要なら、名乗りだけにすればよいのです。各宗には本山となるお寺があり、その代表者である住職が存在するのに、重ねて宗派の代表者が別にいること自体が不自然です。

この宗派を統括するのは、各地から選ばれた議員で構成された議会です。議会が各年度の宗派の予算を含む大きな方針を決めます。各宗の年間予算は何十億円いうと巨額になります。大きな法要などを迎えますと、その額は数百億円になることもあります。こうしたお金が動くとなると、しっかりとした監視の目が求められます。議会は、そうした働きをする大きな存在として必要です。

各宗の基本方針は、本山の住職と総代が決めて実行に移すのが本来の姿であるはずです。とくに総代は、お寺の命運を左右するほどの権限が与えられています。

本山以外のお寺が宗教行為としての行事、たとえば先代住職の回忌法要を計画したとします。そのお勤めの内容、お話をしてもらう方の人選、お勤めに携わっていただく人たちの人選あるいは経費などについてを、近隣のお寺から指図を受けることはいっさいありません。あれば混乱するばかりです。

宗派の運営は、基本として政治の仕組みで左右されています。仏教界に議会制度が導入され、民主化という名のもとに議会の力が増大したことで、お寺の姿が変化しました。宗教行為をするにあたっても、住職の意向よりも議会での多数決が尊重されるようになりました。結果、宗教行為が議会の意向を汲むことに集中して、法要時間の長短とか、お勤めがわかるかどうかなど、内輪の都合が第一の優先事項となりました。宗教本来の姿から離れ、門信徒の求めともかけ離れた様相を呈する事態が起こりはじめました。こうした流れも、門信徒の離脱を促している一因とみられます。

お寺に、門信徒間の争いや経済問題その他で困った事情が生じたとき、問題解決にあたって頼りになるのはまず門信徒です。お寺は、門信徒以外に頼るものをもちません。解決を国の法律に求めるのは二番目、三番目の手段です。

お寺がそのような窮状に陥ったとき、近くの同じ宗のお寺、宗派、教団は、「解決するのは各自の問題」というだけで、頼りにはなりません。宗派や教団は問題をむしろ複雑にして、解決の妨げになる恐れすらあります。当事者同士で問題解決がどうしても困難なときは、各宗本山を当て頼りにすることです。「お互いが、お寺同士の立場に立って事にあたる」という仕組みをつくれば、力になるはずです。お寺は門信徒との結びつきで成り立っているのであって、お寺同士の結びつきで成り立っているのではありません。

僧侶も門信徒も、各宗本山の本尊の前で信者となる誓いを立てています。そもそも、各宗の門信徒もその本山の門信徒であって、各地にあるお寺は本山の門信徒を預かっているだけなのです。この原点が置き去りにされ、門信徒は各寺院の門信徒であると受け取られていることが、現在の各宗本山の位置を曖昧にしている一因です。この原点に、今こそ意識を戻すべきです。

宗教に、政治はそもそも馴染みません。国の政治に携わっている人の多くは、それぞれの信仰をもっています。信仰は政治家であろうとなかろうと関係なく、一人の人間としての存在証明です。そういう政治家が、家族の葬儀を執行したり、法事を勤めたり、あるいは寺院の総代や役員に就かれたりすることがあっても、それは政治家以前の一個人の行いでしかありません。政教分離とは、政治は宗教本来の活動にいっさい関与しないということです。

学問や芸術も同じです。経済の価値観で判断できないものと心の働きには、政治は関わることを避けなければなりません。そうした領域にまで政治が関与することを許す社会は、窒息している社会です。

このような次元で顕著に矛盾を表わしているのが、靖国神社です。靖国神社も他の神社や寺院と同じく一つの宗教団体です。大切に扱われなければならない存在です。とはいえ、一部の政治家が靖国神社にお参りされるときにかぎって、なぜわざわざ政治家を名乗ってその立場を表に出す必要があるのかです。わたしは、強い違和感を覚えます。政治家としての肩書を外して、個人としてお参りされればよいのです。寺院に門信徒として参拝される、あるいは氏子として神社に拝礼されるとき、たとえ政治家であろうとも、その肩書をわざわざ名乗ることはまずありません。靖国神社は、他の神社仏閣と同じく、一宗教団体にすぎないはずです。しかし、政治家の関わり方を見るかぎり、どうしても政治が宗教に関わる表われとしてみえてしかたありません。

靖国神社にお参りされる政治家のほとんどは、お参りの目的を「戦死された多くの人に哀悼の誠を捧げるためです」と述べます。真摯な言葉でしょう。しかし、真摯な言葉であるだけに、わたしはいっそうの違和感を禁じえません。全国に数万とある寺社教会には、数の多少の違いはあっても靖国神社と同じ戦死者が縁をもっています。「哀悼の誠」はそうしたすべての寺社教会にも捧げなければならないはずです。しかも、靖国神社にあえて参拝される大半の政治家の政治姿勢は、日米友好を外交の基軸としている人たちです。靖国神社に神として祀られている多くの戦死者は、「鬼畜米英」を旗印にいのちを落とした兵士たちです。このどこに接点が見られるのでしょう。哀悼の誠を捧げ、戦死されて神として崇められる人たちに寄り添う心をもって、日本を代表する政治家として靖国神社にお参りされるのなら、日米安保条約の破棄を叫び、沖縄をはじめとする各地の米軍基地の即時撤退を叫ばれるのが、三百万御霊に捧げる至誠のはずです。

宗教団体としての寺院は、教えを伝えることをはじめ、政治の動向に左右されることなく独自に活動することが許されています。各宗教団体は、そのような精神・気概のもとに、お釈迦さまの教えに則った活動をしているのです。各寺院が内側に包含している宗派の政治的な動きに対して、どのように拠り所を求めればよいのかと戸惑いを感じさせることがあります。それが故に、教団あるいは宗派という名の下での政治から一歩距離を置き、独自性をもって活動を始めればよいのです。それぞれの寺院の創建期の熱い想いが思い出され、すべてのお寺の関係者にお寺本来の活力が戻ってくるはずです。

今問われていること

「名称不詳」

では、今という時代に、宗教とくに仏教に求められていることに、どうしたものがあるでしょうか。唱えられているお経が難しいから簡単にする、お経を唱える時間を短くする、葬式のあり方を変える等々。それに、お布施のあり方、諸々の寄付金のあり方など、お寺とお坊さんに課せられている現実の課題は、限りなくあります。各仏教教団の内部においては、そうした課題の一つひとつに答えを求めて、試行錯誤を重ねています。決して、手をこまねいて見ているわけではありません。

しかし現実は、そうした答え探しに懸命になっているお寺の姿が、答えを求めている人たちに届いているかどうかです。門信徒が求めている事柄と、お坊さんが門信徒のためとして取り上げている内なる問題とに格差があるのではないか。これにみなさんが気づいているかどうか、この疑問がぬぐえません。

疑問の起こる理由の一つに、情報の伝え方があります。現今の各仏教教団は、少なからざる経費をインターネットの構築に注いでいます。携帯電話と家庭用パソコンが普及した環境においては、至極当然の投資です。

しかし、多額の経費を投入した仏教教団のインターネット、たとえばウェブページにしても、現実としてその教団関係者以外の人にどれほど活用されているかは不明です。アクセスが何十万、何百万もあるという話は、残念ながら聞いたことがありません。かけた経費にどれほど見あっているのかもわかりません。

こうした危惧をわたしが抱く理由の一つは、若い人たちの期待に応えるしくみがインターネットにも用意されていないことです。「心」、「悩み」、あるいは「いのち」で検索をかけたとき、仏教教団のいくつのホームページに繋がるのかという問題です。

こうした内容の検索をかける前の段階でも、たとえば○○宗○○寺という言葉と「心」、「悩み」、「いのち」などの言葉とが結びついた回答を、どれだけの人が期待するでしょうか。残念なことですが、その比率は限りなく低いといわざるをえません。それぞれのお寺が、心や悩み、いのちの問題に取り組んでいることが、若い人たちの日常感覚として知られていないからです。

民間放送のテレビコマーシャルの終わりに、「検索」の文字が出てきます。多額の費用と時間をかけて目と耳に訴え、そのうえでインターネットに導いているのです。現在の仏教教団の活動が手薄になっているのは、アナログな方法で目と耳に訴えかける手続きです。先の問いかけなどには長年の蓄積によって回答はすでに出ているものと考え、対処しているからです。しかも、門信徒のそうした問いかけに、全国に散在しているお坊さんには対応できる素養があるとの前提に立っているからでしょう。教団としては、いまさら回答を広く告知する必要性を強く感じていないということによるのです。しかし、現実はそうした前提と蓄積が、有効には働いていないのです。

これまでの蓄積を生かす方法として、各宗本山にかぎらず、各地に散在する寺院の巨大な本堂などの空間利用があります。年に数日しか使わないその一部を利用して、キリスト教の教会に見られる告解室《こっかいしつ》と同じように、悩みの相談室を設けるのもその活用法の一つです。しかし、そのような事例は聞いたことはありません。せっかくの空間が生かされていないのです。

インターネットに門信徒の多額の浄財をかけるのは、こうして置き去りにされた耳や目に直接訴えかける手筈が整ったあとでよいのです。個人を対象の中心にする先端情報機器のインターネットよりも、不特定多数を対象とするテレビ、新聞、雑誌などの旧来の情報源に重きをおくほうが効果的であることは、先の「検索」の画面からも明らかです。お坊さんは今なにをしているのか、お寺はどうした場所であるのかを正確に、広くに知ってもらうことが、まず始めるべきことです。

インターネットといっても、すべて万能ではありません。とくに注意が求められるのは、その情報源の匿名性です。インターネットの課題は、情報の信頼性がきわめて脆弱であることです。今お寺に求められているのは、内に向かっても外に向かっても、信頼性の高い、肌に伝わる情報発信に注力することです。

先に例示した、「お経が難しい」とか「長い」などの苦情の多くは、門信徒からの発信というより、じつは僧侶から出ている言葉です。お坊さんが、お経の唱えぶりが「難しい」と受け取るのは、唱えるお勤めを疎かにしてきた結果です。煩雑そうに聞こえる節にしても、常に聞いて耳の底に残せば、それほど難しいことではないはずです。

カラオケと同じです。わたしを含む多くの人がカラオケに興じます。玄人も舌を巻くほど上手に唄われる人もいます。その人に尋ねました。「歌は先生について習われたのですか」と、答えは「いいえ」です。「では、どこで覚えたのですか」の問いには、「聞いたことがあるだけですよ」との返事がほとんどです。

カラオケを上手に唄う人でも、渡された初見の楽譜をそれなりに唄える人は、特別な訓練を受けた人以外、そう多くはいません。しかし、何度か耳に届いておれば、不思議なことに意識しなくてもそれなりに唄えるのです。

唱えぶりが難しいとされるお経も、同じことです。聞いておれば、耳の底に残り、唱えられるようになるのです。聞いていないから唱えられなくなり、「難しい」と切り捨ててしまうのです。「門前の小僧、習わぬ経を読む」とは、まさしくこのことです。門信徒の多くは、僧侶が「難しい」と敬遠するお勤めであっても、そのまま受け止められています。一心に聞いておられるからです。しかも、長い短いよりも、「ありがたい」と受け取ることを大切にしています。

かつて、門徒さん宅での法要の席で、施主である老婦人が、「今日は、なんのおもてなしもできませんが、ただお経さんだけに会っていってください」と、しみじみ言われた挨拶は、いつまでも耳から離れません。

お寺の存在理由と価値

国内には、浄土真宗だけでも、一万を超す大小の寺院があります。都市部はもちろんのこと、コンビニもない過疎地でもお寺はあります。そのお寺が、コロナ禍を受けて、さまざまに対応を迫られています。

月参りが激減しました。毎月一度か二度、亡くなられたご家族のどなたかのご命日にあわせて門信徒宅を訪ねるお参りごとを、お参りに伺う方も、迎えていただく側の人も、自然と遠慮するようになりました。寺院も、自らの法要のお勤めの規模を小さくしたり、中止したり、あるいはインターネットで中継するなど、さまざまな試行錯誤を行っています。

新型と名づけられたとおり、コロナウイルスの蔓延は人知ではいかんともしがたい出来事です。罹患による苦しみばかりか、いのちに直接関わる厄介な疾病です。多くの業種で不況に苦しむ人たちを見ることにもなりました。だからといって、寺院までもがウイルスに負けてはいられません。この逆境を跳ね返し、お寺の存在意義を示す契機とする気構えが求められています。

寺院は、かつては施療院であり施薬院として、それぞれの時代の疾病と戦い、その先頭に立ってきた歴史があります。先に述べた『看病用心鈔』はその良い事例です。寺院の境内地・建物は、都市部であろうと郡部であろうと、それなりの空間を占めています。新型コロナウイルスの罹患者が、万が一急増して医療機関では収容できない状態になったときは、寺院の境内地はもとより、本堂や座敷などを開放する方途を準備すべきです。寺院の周りには、それなりの空間もあります。真冬・真夏は、状況に応じた対応が必要となりますが、戸を開き放てば換気は万全です。寺院生活者の生活空間とも、距離は確保できます。

寺院は、今回の新型コロナウイルスにかぎらず、災害に対して被災した人からの依頼があればすぐに協力できる準備を、今からしておくべきです。こうした行動を起こすことは、時流に迎合する意識ではありません。寺院としての立ち位置を、鮮烈に確定・確立するということです。

本山・各寺院を問わず、境内地にしても建物にしても、住職個人が購入したり建設費を負担したりすることは、はなはだ稀です。不特定多数の人たちの御懇念《こんねん》によって成立したものです。住職個人の所有物ではないのです。困った人に供するのは当然のことです。

阪神・淡路大震災でも、東日本大震災でも、被災した現地の寺院はともかく、被災地から離れた寺院が本堂等を被災者に開放し、その空間を利用してもらえるよう手を差し伸べたという事例は、あまり聞くことがありませんでした。救援物資を運ぶなどの復旧の手助けには惜しみない力を尽くされたことは事実です。しかし、本堂や庫裏を解放して被災者に供したとの事例は、聞きませんでした。

第二次世界大戦末期に、米軍の都市部への空襲が始まると、郡部の寺院が都市部の多くの児童・生徒を疎開先として受け入れた事実がありました。今回の大きな自然災害では、公共の受け入れ施設が完備するまでの期間、お寺がなぜ利用されなかったのか残念でした。戦時中に疎開先として受け入れたのは、国の方針に従ったまでであるという一面は確かにありました。しかし、現在のお寺の姿は、お寺自体の閉鎖性が問われているのです。

ここで注意しなければならないのは、こうした援助に国や行政の指示を受けるとか、補助を受けることがあってはならないということです。宗教団体はその独自性を常に保持し続けなければならないのです。新型コロナウイルスの影響で中小企業等に補助された持続化給付金の対象から宗教団体が除外されたことは、国自体が宗教団体には一切関与しないことを明確に示した事例です。お寺は信教の自由と独自性を保証されているかわりに、国や地方自治体からの援助を一切受けないのです。ですから、さまざまな災害にお寺が手を差し伸べることは、あくまでお寺独自でしなければならないのです。

月参りにしても同じです。門信徒の側が遠慮されるのはしかたのないことですが、寺院側から月参りの行動を自主規制するようでは、自壊しか残りません。お参りが実際にできる、できないかは別にして、寺院側がお参りする意思があることだけは伝え続けておくべきです。寺院の法要も同じことです。

このコロナ禍をいかに過ごすかが、今の寺院に問われているのです。この状態をいかに切り抜けるかが問われています。これを危機と捉えるか、寺院の必要性を認識してもらう絶好の機会と捉えるかです。

お寺とイノベーション

イノベーションという言葉が姦《かしま》しく人口に上った時代がありました。あの喧騒はどこへ行ったのでしょう。掛け声だけで終わってしまいました。

喧伝されたイノベーションは、内側からの変革を外に向かって発信する創造的変革であったはずです。社会的に意義のある新たな価値を創造して、人・組織・社会に変化をもたらす幅広い変革を意味しました。外からの刺激に対応するだけでは、真の変革は望めないからです。しかし、結局は言葉だけの打ち上げ花火に終わりました。善いも悪いも大衆迎合、ポピュリズムという言葉にカッコいいと若者が飛びついてくれるという安易な見通しに惑わされました。表面的なことだけ時流に乗った結果です。

仏教界に今、真摯に求められている変革、イノベーションは、お勤めを安易にすることでも時間を短くすることでもありません。そうした諸事は変革ではなく、自らの存在を内側からないがしろにすることにすぎないのです。現状を変えるということは、明日に向かって進むことと同じく、これまで歩んできた道を辿り直してみる、二筋の道をしっかりと弁《わきま》えるということです。過去に置き去りにしてきたことを見つめ直すと、明日への道が示されていることがあるのです。

その具体的な例に、寺院の大法要で見かける稚児行列があります。おじいちゃん、おばあちゃん、おとうさん、おかあさんが経験してきたことです。ふだんはお寺に足を運ぶことの少ない若夫婦が、わが子とそろってお寺の行事に参加するのです。このときばかりは、境内といわず本堂といわず、縁ある人で溢れます。決して新しいことではないのです。

古い、難しい、訳がわからないと評される「お経」の唱えぶりも、故人となられた音楽家の黛敏郎さんが尽力されて、代表的な天台声明《しょうみょう》をテレビや音楽ホールなどで披露を重ねることができました。多くの人に関心をもっていただき、感銘を与えることができました。

二〇一九年七月六日には、京都南座の新開場記念として、『聲明』と題し、本願寺声明を披露しました。当日券も手に入らないほどの盛況で、若い人もお経の唱えぶりに関心を寄せられていることが実感できました。しかし、本願寺の法要にお参りされた人からは、「せっかく美しいお経に会いにきたのに残念だった」という声も聞かされました。だまって耳を傾けるお経が待たれているのです。

「節談説法《ふしだんせっきょう》」という、独特な語り口調の説教節も、故人となった小沢昭一さんの努力によって復活され、多くの法座で披露されるようになりました。

こうした事実からみられるお勤めに対する意識は、古いということで遠避けるのではなく、その古さを踏み台にして階段を一歩進める道を探そうというものです。難しさの中に美しさを見出す、その歩みを止めることではありません。

古いといわれている事柄に、郷愁だけではない新しさを、次の世代の人たちは見出しているのです。求めているのです。

お坊さんとの繋がり

日本人の多くは、唱えられているお経の意味などは問いません。問いが出るのは、お寺に足を運び、仏教に関心を示すようになってからのことです。ましてや、お経を読む時間に制約を設けることなどは論外です。現実には次のような問いが、切実に問われています。

葬儀にしろ、法事にしろ、日日の参りごとにしろ、なぜ仏教なのか、なぜこの宗派でなければならないのか、なぜこのお寺と関わりをもたねばならないのか、なぜお坊さんはこの人でなければならないのか、などです。

こうした切実で真摯な問いに、お経をわかりやすくするとか、時間を短くするなどは答えになっていません。問われていることへの答えは、個人としての繋がりを、ひたすら強く、深くすることです。さまざまな疑問を、忌憚なくぶつけてもらえる間柄になることです。

たとえお経の唱えぶりが少し不自然であっても、あるいはお話が不得手であっても、門信徒にとっては自身が所属するお寺のお坊さんが第一の存在です。他のお寺のお坊さんと比べても、誰よりもありがたく、尊いお坊さんです。幼稚園児の学芸会や演奏会などのビデオの中心に映っているのは、常に我が子です。上手か下手かは関係ありません。これと同じです。日日のお付きあいが、濃密であるかどうかです。

釈尊もキリストも、身近な人との濃い繋がりがあったからこそ、その教えが今日まで伝わることになったのです。親鸞聖人も、法然上人との出会いがあって「本願に帰す」、開眼の契機に恵まれられたのです。

聖人は越後への流罪の罪が解かれ、北関東で多くの人と濃密な交わりをもたれたことによって、同信の人たちの輪がつくられ、拡がりができました。直接の触れあいがあったからこそできた人の輪、お同行《どうぎょう》です。教えが伝わるには、人と人との直接の触れあいがなによりも大切なのです。

さらに付け加えるならば、言葉の文字化による伝道です。通信手段、交通手段、あるいは住環境も含めた社会構造の変化で、人と人との濃密だった関係は希薄にならざるをえなくなった事実があることは否めません。しかし、だからといって、この現状に手をこまねいて互いの肌の温もりを感じることのない電子機器などに頼っているだけでよいものでしょうか。このままではお坊さんに向けられている疑問はいつまでたっても解決してもらえることはなく、ただただお坊さんへの不信に、そして仏教への無関心に向かうばかりです。疑問をいだかれている今こそ、かつては確実にあった人としての繋がりを深めることが、閉塞した現状を打開するとっておきの解決の道の一つです。

今、仏教界に求められているイノベーションの実現には、内側の人の内向きの一方通行となっている視点を外向きに、相手側に移してみることが必要なのです。コップの中の水をいくらかき回しても、水に変わりはありません。砂糖や塩かを加えることで、水の色も味も変わります。あるいは、水をすべて流して棄てて空にすることでも、コップそのものの景色は変わります。変革はいつの時代においても、求め続けられます。しかし、突然変異としての新しいことが求められているのでは決してありません。

親鸞聖人をはじめとする鎌倉時代の仏教者たちは、時代の要請に応えた人たちでも、望まれて開祖になられた人でもありません。それぞれが、自身の信じた道を歩まれただけなのです。結果として、時代の求めに合致し、振り返ってみると「その時が変革を生じた時だった」ということです。

こうして多くの人によって間違うことなく、喜びをもって今日まで伝えられてきた教えを、明日に向かってどのように伝え、一人でも多くの人にどのように分かちあえばよいのか。これは、自覚を迫られている大切な課題です。

まずわたし自身が、親鸞聖人にすべてを任せているかどうかの姿勢を、そしてその教えを喜びとしてしっかりと受け止め、それを周りの人たちと互いの温もりを肌で感じながら、どのように伝えることができるかを確認することから始めなければなりません。善導大師が『往生礼讃偈』で示された「自信教人信」、みずから信じ、人を教えて信ぜしむるに示された「自信」、すなわちみずから信じの絶対前提を常に確認することが第一なのです。

親鸞聖人は、その主著『教行信証』を、

「安楽集《あんらくしゅう》」にいはく、「真言を採《と》り集めて、往益《おうやく》を助修《じょしゅ》せしむ。いかんとなれば、前《さき》に生れんものは後《のち》を導き、後に生れんひとは前を訪《とぶら》へ、連続無窮《むぐう》にして、願はくは休止《くし》せざらしめんと欲《ほっ》す。無辺《むへん》の生死海《しょうじかい》を尽くさんがためのゆゑなり」

と、締めくくっておられます。

御門徒の幼稚園児から、懸命に書かれた筆跡の便りが届きました。

「お坊さんはなぜ坊主頭なのですか」

返信は、少しでも幼稚園児と歳の近い息子に任せました。どのように返事をしたのかは聞きませんでしたが、あとで家族からお礼の便りが届きました。

わたしにとっては、新鮮な問いかけでした。そこで、幼稚園児に届くかどうかは別にして、わたしなりに答えを考えてみました。「お坊さんは、周りで生活している人との違いをわかってもらうために坊主頭にしているのです」。

お坊さんは、自分の生活のための仕事はしません。食事の準備をしたり、掃除をしたり、洗濯をしたりするのは、仕事ではありません。すべて、ほとけになるための修行であり、ほとけに仕える者としてのお給仕なのです。生活のための仕事は、すべてお金のためのです。品物をつくったり、動かしたり、売ったり、買ったりは仕事です。お坊さんは、そうした仕事は一切しません。ですから、サラリーマンやお商売の人、農家の人、漁師さんたちとは違うのです。

かつては、「坊主丸儲け」とお坊さんを皮肉る言葉がありました。お坊さんが戴くお布施などは、仕事に対する報酬でも、利益を生むための元手でもありません。ですから、税金がかからないことを指して使われた言葉です。現在は違います。お布施であっても、お坊さんの暮らしに資するお金には税金はかかります。「坊主丸儲け」は死語です。

暮らしのようすが違うことを示すために、形として坊主頭にしている人もおられますが、お坊さんが坊主頭にしていることには、もっと大切な意味があります。お坊さんになるとは、家族や周りの人との縁を切って、一大決心を実行することなのです。坊主頭になるとは、サラリーマンなどとの暮らしとは決別する決意を表わした姿なのです。

でも、わたしも含めて、浄土真宗のお坊さんはなぜか髪を伸ばしています。浄土真宗のお坊さんも、お坊さんになる決意を表わす儀式に臨むときには坊主頭になります。剃刀で剃ってつるつる頭になります。坊主頭になるのは原則、この儀式のときの一度限りです。儀式がすめば、多くが髪を整えます。それは、親鸞聖人が勧められた「専修念仏」が時の権力によって、

　法に背き義に違し、忿《いか》りを成し怨みを結ぶ。罪に問はれて僧儀をあらためて姓名を賜うて遠《おん》流《る》に処す。予はその一つなり。しかれば、すでに僧にあらず俗にあらず。このゆゑに禿の字をもつて姓とす

と示されてあります。「官許を得た坊主頭の僧でもなく、かといって髪をまとめた俗人でもない、中途半端に髪を伸ばしたままの禿《かむろ》です」と宣言されたのです。

浄土真宗のお坊さんが髪を伸ばしているのは、謂われない罪を科した公権力へのささやかな抵抗を示している姿なのです。

本との出会い

わたしの本との出会いは、振り返ってみれば大半が偶然でした。先生の教えや新聞の広告、あるいは書評や友人からの口コミ、その他特別な必要に迫られて買い求めたものもありましたが、

そういうものは全体からすると稀でした。わたしの書架にあるのは、思わぬ時間の余裕ができたとき、散歩の途中でふと思いつくなどの機会に本屋を覗いて、偶然に出会った本がほとんどです。表題と、そのときの気分で気に入れば買い求めたものです。

本屋に一歩踏み込むと、書架に並んだ背表紙から、言葉と文字の洪水が押し寄せてきます。日本語の表情は、こんなにも豊かなのかと圧倒されます。ジャンルを問わず、背表紙を眺めているだけで時間の流れから解き放たれます。そうしているうちに一冊の前で時が止まると、手に取ってみます。作者も内容も斟酌しません。

わたしの書架は、こうして求めた本が大半です。自宅に居たまま、電子機器などの情報検索・通信機を駆使して本を求めることは、わたしには考えも及ばないことです。そうした電子機器を情報源として本を探し求めることを当たり前としている人に勧めます。「本屋さんの書架の前に立ってみてください」と。

電子機器の利用が便利なことは理解できます。しかし、コンピュータやテレビ画面での人との出会い、テレワークやズーム会議なども同じで、人の息吹とか心の温もりなどの感触は伝わってきません。直接の出会いに勝るものはありません。

どのように鮮明なテレビ画面であっても、そこに映し出されている情景は、カメラのフレームで切り取られた画面でしかありません。撮影者の目を通した画面でしかありません。フレームの外にどのような光景が拡がっているかを知ることとは、画面を見ている者にはできません。電子機器を通して本を求めるのは、これと同じことです。電子機器の画面がいかに無機質で、情報としていかに偏っているかを実感すべきです。

雑多な本が並んでいる本屋さんの書架は、言葉と文字と色彩の桃源郷です。本の表題なんて限られた字数です。何万冊という本が並んでいるのに、同じ表題はもとより、同じ装丁に出会うこともまずありません。狭い本屋さんの中に、限りなく拡がりのある世界があります。

電車に乗るのに少し時間があり、京都駅の構内にある本屋を覗きました。目的もなく漠然と並んだ背表紙を眺めているうちに、新たな発見をしました。『反日種族主義との闘争』（李 栄薫著、文藝春秋）の隣に、『私は私のままで生きることにした』（キム・スヒョン著、吉川 南訳、ワニブックス）と題した本が並べてありました。『10代から知っておきたいあなたを閉じこめる「ずるい言葉」』（森山至貴著、WAVE出版）の横に、『いくつになっても「ずっとやりたかったこと」をやりなさい』（ジュリア・キャメロン著、サンマーク出版）が並んでいます。

五木寛之氏の『迷いながら生きていく』（PHP研究所）の隣には、西 智弘氏の『だから、もう眠らせてほしい　安楽死と緩和ケアを巡る、私たちの物語』（晶文社）があります。曽野綾子さんの『新しい生活』（ポプラ社）の隣に、やはり曽野さんの『夫の後始末』（ポプラ社）、大野裕之氏の『京都のおねだん』（講談社）と矢部宏治氏の『知ってはいけない』（講談社）が並んでいます。まるで漫才のやり取りを見ているようです。

表題だけを見ているので、内容に共通性や一貫性があるのか、偶然にこうした並びになったのか、本屋さんが洒落心で意識的に並べられたのかどうかなどは確認しませんでした。いずれにしても、電子機器の検索では味わうことのできない、実際に本屋に立ち寄ってしか味わうことのできない楽しみを実感しました。

このように本屋さんに立ち寄ることによって思わぬ出会いがあって、思わぬ本を手に取ることになるのです。持ち帰って最初のページを開きます。なかには、そのまま閉じてしまうものもあります。一気に読み通してしまうものもあります。本屋の書架の景色に幻惑された結果です。でも、思わぬ歓びに出会ったときは、閉じてしまっていた本も、もう一度手に取ってみようかなという誘惑にかられます。

そもそも、ネットやその他の情報で話題になったからということで本は選ぶものではないとも思っているのです。たまたま自分の選んだ本が評判になることのほうが楽しみです。

親鸞聖人の時代は、わたしのような本との出会いは不可能に近かったでしょう。そもそも、どこにでも本があることなどなかった時代です。あったのは寺院が中心で、他ではせいぜい公家の家くらいだったでしょう。たとえ本があったとしても、自由に読むこともままならず、師に読み聞かせてもらうか、師の許可を得て書き写すくらいしか、本との出会いはなかった時代でした。

平安王朝時代の女官が描いた日記をはじめとして、今日にまで伝わっている文学作品の大半が「書写本」であることが、その事実を物語っています。

親鸞聖人は『教行信証』の「後序」で、

恩恕《おんじょ》を蒙《かぶ》りて『選択《せんじゃく》』（選択集）を書《しょ》しき

と、師である法然上人の「恵み深い許しを得て」、『選択本願念仏集』の書写を許されたことを述べられています。続けて、

真宗の簡要《かんよう》、念仏の奥義、これに摂在《しょうざい》せり。見るもの諭《さと》り易《やす》し。まことにこれ希有最勝《けうさいしょう》の華《か》文《もん》、無上甚深《むじょうじんじん》の宝典《ほうでん》なり。年《とし》を渉《わた》り日を渉りて、その教誨《きょうけ》を蒙《かぶ》るの人、千万なりといへども、親《しん》といひ疎《そ》といひ、その見写《けんしゃ》を獲《う》るの徒《ともがら》、はなはだもつて難《かた》し。しかるにすでに製作を書写し、真影を図画《ずが》せり。これ専念正業《せんねんしょうごう》の徳なり。これ決定往生《けつじょうおうじょう》の徴《しるし》なり。よりて悲喜《ひき》の涙を抑へて由来の縁《えん》を註《しる》す。

師である法然上人が著わされた『選択本願念仏集』を書き写すことを許されたことが、親鸞聖人にはこのうえない喜びであったと綴られています。こうした環境のもとで親鸞聖人は、自身の信仰の集大成となる『教行信証』を著されました。この『教行信証』の本題は、『顕浄土真実教行証文類』といいます。「文類」と示されてあるとおり、この大部の書は多くの経文からの引用が大半を占め、聖人ご自身の生の言葉はごく限られています。

こうした文章の構成方法は、わたしの時代の論文の構成と共通しています。ある程度の結論を想定しておいて、そこに向かってこれまでのあらゆる方向からの記述を積み重ね、いかに整然とつなぎ合わせるかに集中します。わたしの生の言葉は、全体から見ればほんの一部でしかありません。しかし、過去の積み重ねの上に乗ったたった一言の言葉が、次の時代を開く可能性を秘めているのです。

おわりに

お坊さんにとって周りの人たちから、なにが望まれているかを知るのは難しいことです。社会全体が、雑多な量の情報で溢れていますが、内容が均一化されている今日です。お坊さん側から、望まれているであろう一点に焦点を当てることは、天空の星ぼしから眺められているわたし一人の位置を、自ら想像するようなものです。

しかし、お坊さんという立場は、自らがほとけへの道を歩むことの覚悟を決めた存在であるとの認識の上にあります。

現代のお坊さんに求められる第一の素養は、あらゆる情報に関心を抱くことです。テレビを見、新聞・雑誌を読み、不特定多数の人と会って会話を交わすことです。そうした一つひとつの積み重ねがあることの結果として、望まれているなにかを、肌で感じ取ることができます。日常生活のあらゆることに関心を示し、少しでも理解を深めることに努めることです。興味を示す灯りを、灯台のように三六〇度巡らし続けることです。

人と接するという意味で、お坊さんにとってもっとも身近な方法は、多くの地域と家庭で行われている月参り、命日参りなどの月忌参《がっきまい》りを大切にすることです。月忌参りは、少なくとも月に一度は門信徒と直接顔を会わせ、言葉を交わす機会となるからです。

たしかに、お年寄りだけの家庭であったり、子育てのさなかであったりする家庭では、月に一度のこととはいえ、仏壇の準備などに手間のかかる、面倒なことです。しかし、月に一度のその面倒は、暮らしのなかの異時間を過ごすというアクセントになります。お坊さんを相手に、ふだん口にできない愚痴などを話す時間にもなります。わずかな時間であっても、孤独を紛らわせるひと時になります。時には、体の不調を知ってもらい、孤独死を防ぐ手立てにもなります。

人と人とが接することは人間としての本能の働きです。失われてはならない大切な行いです。日本の仏教独自の伝道形態である月忌参りは、暮らしのなかでインターネットが発達し、デジタル化が進めば進むほど、見直してみる価値のある行いです。

今後、お坊さんの存在に重きが置かれるのは、いのちに関わるときです。お葬式を伝道活動の出発点においているお坊さんは、生・老・病・死のいのちのあり方に触れることから逃れることは許されません。一方で、そのいのちそのものに直接関わる医学の進歩は、目を瞠《みは》るものがあります。その医学も、進歩するほどにいのちの闇の部分に踏み込むことになり、抜き差しならなくなっています。その具体的な姿が、「老」であり「死」です。

時間の後戻りはありえないのと同じく、どのように医学が進歩しても、「老」ばかりは止めることはできません。宇宙そのものが「無常」である姿です。その無常という絶対事実から、「死」

もまた免れることはできません。このこともまた、あらゆる生き物にとって、それはありえないのです。

こうした老・死に対して、お坊さんは医療従事者とともに密接に情報交換を重ね、こうした苦にいかに対応するべきか。今後ますます求められることです。

いま一つ気がかりなことは、世代間のギャップをいかに埋めるかです。その一つが、言葉の使い方です。喫茶店に入って、「ミルクコーヒー」と注文しても「カフェオレですか」と聞き返されるのはまだしも、怪訝な顔つきをされるとどのように説明してよいのかわからなくなります。「コーヒーを」と呟いてしまいます。喫茶店ですらそうです。

セーターを買いに行きました。「トックリのセーターはどこですか」。応対の店員が隣の年配の店員に何事か会話を交わして戻ってくると、「タートルネックはこちらです」と、その売り場に連れて行ってくれました。トックリという言葉が通じなかったのです。年代間の違いというだけでなく、生活感覚としての言葉そのものが違ってきているのです。

暮らしに関わることでは、食べ物に関しても感じ方の相違を見せつけられることがあります。数年前の北朝鮮の危機的な食糧事情を伝える場面で、女性が道端に腰を下ろして野草らしきものを摘んでいる姿がありました。日本でも同じように、ワラビやゼンマイ、フキノトウなどの野草を摘んでいる場面が映像化されれば、他の国の人は日本の食糧事情が苦しいのだと判断しても不思議ではありません。

では、日常の暮らしのなかで知る仏教をめぐる現実の受け取り方の差異はどうでしょうか。お経の言葉やお寺の存在、お坊さんのあり方にも、こうした現実の暮らしとの差異がどれほどあるのか、どれほど埋められているのかを痛切に味わっています。

本稿の執筆にあたり、あらためて教えられたのは、わたしを取り巻いていただいているかぎりない数の人とのご縁です。とくに家族、親族、門信徒を含めて、八〇〇人を超す葬儀の縁にも出会いました。このお一人おひとりとのお別れのご縁がなければ、本稿の筆を執ることはありませんでした。この場を借りて手を合わせ、念仏のご縁にあわせていただいたお一人おひとりに感謝申し上げます。


また、ご交誼を戴いている井村裕夫先生には、厚かましくも巻頭のことばをお願いしたところ、快くお引き受けいただきました。望外の喜びです。ここにあらためて深謝の意を述べさせていただきます。

井村先生には機会あるごとに、医学と宗教に関連したお話を伺い、その深いご造詣に常々感服いたしておりました。井村先生は日本学士院院長の重責を担っておられます医学博士で、元京大総長、スーパーコンピュータ「富岳」で知られる理化学研究所創設にも理事長として尽力された方です。また、二〇一五年に京都で開かれた日本医学総会の会頭なども歴任されました。

本書は、わたしの言葉で著しました。わたしは浄土真宗のお坊さんです。わたしの言葉は、私服であろうと、衣姿であろうと、いつであろうと、どこであろうとも、お坊さんとしての言葉です。本文中においての仏教の、そして浄土真宗の教義理解には、不適切な表現が多々あることでしょう。諸賢兄の遠慮ないご叱正、ご教導をお願い致します。

なお、本書における経典及び親鸞聖人、蓮如上人の言葉の引用は、断りのないかぎり、本願寺出版社の『浄土真宗聖典――注釈版第二版』によるものです。

また本文中の各章の扉を飾る絵の多くは、わたしがネパールを旅した折りに手に入れたチベット仏教のカレンダーから抜きだしたもので、本文とも浄土真宗とも関わりはありません。

最後になりましたが、本書出版にあたって京都通信社の中村基衞氏、中谷奈央さんに編集の労をわずらわせましたこと、深謝申し上げます。

著者の略歴

今小路 覚真（いまこうじ・かくしん）

京都市・常楽臺二四世住職

一九四三年京都市に生まれる。

小学校一年生から三年生まで富山県西礪波郡若林村（現富山県小矢部市）村立若林小学校に、四年生から六年生まで京都市立植柳小学校に通う。現在はいずれも廃校。平安中学・高校、龍谷大学、同大学大学院で学び、青少年時代を本願寺の五〇〇メートル範囲内で過ごす。

敗戦後の復興から取り残された富山常楽寺本堂を三五歳で再建。門信徒との縁を取り戻すため富山市の京都常楽寺支坊富山常楽寺に居住。五九歳で京都に戻り、本願寺会行事《えぎょうじ》に就任。六九歳で退職。大谷光照西本願寺前々住職葬儀、親鸞聖人七五〇回大遠忌法要等を差配。

著書に『お坊さん（上・下）』（本願寺出版社、二〇〇七）、『お坊さんの平成ちょっと問答（上・下）』（方丈堂出版、二〇一三）

ブラックホールの阿弥陀さま
どこにも見えないけれど、どこにでもいらっしゃるんだよ

二〇二一年一二月一日　初版第一刷発行

著者――今小路 覚真
発行人――井田典子
発行所――株式会社 京都通信社
京都市中京区室町通御池上る御池之町三〇九
郵便番号 六〇四－〇〇二二
電話 〇七五－二一一－二三四〇
印刷――共同印刷工業株式会社
製本――大竹口紙工株式会社

Printed in Japan
ISBN978-4-903473-28-4　C0015

◎書店にない場合は、
京都通信社のホームページからお求めいただけます